CB078460

LINKANIA

uma teoria de redes

Dados Internacionais de Catalogação na Publicação (CIP)
(Câmara Brasileira do Livro, SP, Brasil)

Dimantas, Hernani
Linkania : uma teoria de redes / Hernani Dimantas. – São Paulo : Editora Senac São Paulo, 2010.

ISBN 978-85-7359-966-4
Bibliografia.

1. Computadores e civilização 2. Comunicações digitais 3. Cultura digital 4. Inclusão social 5. Internet (Rede de computadores) 6. Links 7. Redes sociais 8. Sociedade da informação 9. Tecnologia da informação e da comunicação 10. Weblog I. Título.

10-03565 CDD-303.4833

Índices para catálogo sistemático:

1. Cibercultura : Sociologia 303.4833
2. Comunicação digital : Sociologia 303.4833
3. Comunicação e tecnologia : Sociologia 303.4833

LINKANIA
uma teoria de redes

HERNANI DIMANTAS

editora senac são paulo

ESCOLA DO FUTURO
UNIVERSIDADE DE SÃO PAULO

ADMINISTRAÇÃO REGIONAL DO SENAC NO ESTADO DE SÃO PAULO
Presidente do Conselho Regional: Abram Szajman
Diretor do Departamento Regional: Luiz Francisco de A. Salgado
Superintendente Universitário e de Desenvolvimento: Luiz Carlos Dourado

EDITORA SENAC SÃO PAULO
Conselho Editorial: Luiz Francisco de A. Salgado
Luiz Carlos Dourado
Darcio Sayad Maia
Lucila Mara Sbrana Sciotti
Marcus Vinicius Barili Alves

Editor: Marcus Vinicius Barili Alves (vinicius@sp.senac.br)

Coordenação de Prospecção e Produção Editorial: Isabel M. M. Alexandre (ialexand@sp.senac.br)
Supervisão de Produção Editorial: Pedro Barros (pedro.barros@sp.senac.br)

Edição de Texto: Leia M. F. Guimarães
Preparação de Texto: Jandira Queiróz
Revisão de Texto: Jussara Rodrigues Gomes, Liege Maria de Souza Marucci, Luiza Elena Luchini
Projeto Gráfico e Editoração Eletrônica: Fabiana Fernandes
Layout de Capa: Hernani Dimantas
Impressão e Acabamento: Corprint Gráfica e Editora Ltda.

Gerência Comercial: Marcus Vinicius Barili Alves (vinicius@sp.senac.br)
Supervisão de Vendas: Rubens Gonçalves Folha (rfolha@sp.senac.br)
Coordenação Administrativa: Carlos Alberto Alves (calves@sp.senac.br)

UNIVERSIDADE DE SÃO PAULO
Reitor: Prof. Dr. João Grandino Rodas
Vice-reitor: Prof. Dr. Hélio Nogueira da Cruz
Pró-reitor de Pesquisa: Prof. Dr. Marco Antonio Zago

NÚCLEO DE PESQUISA DAS NOVAS TECNOLOGIAS DE COMUNICAÇÃO APLICADAS À EDUCAÇÃO - NAP ESCOLA DO FUTURO/USP

Coordenação Científica: Profa. Dra. Brasilina Passarelli

Av. Prof. Lúcio Martins Rodrigues – travessa 4 – bloco 18
Cidade Universitária – Butantã – CEP 05508-900 – São Paulo – SP
Tel. (11) 3091-4925 / 3091-6325 – Fax (11) 3815-3083
Home page: http://www.futuro.usp.br

Proibida a reprodução sem autorização expressa.
Todos os direitos desta edição reservados à

Editora Senac São Paulo
Rua Rui Barbosa, 377 – 1º andar – Bela Vista – CEP 01326-010
Caixa Postal 1120 – CEP 01032-970 – São Paulo – SP
Tel. (11) 2187-4450 – Fax (11) 2187-4486
E-mail: editora@sp.senac.br
Home page: http://www.editorasenacsp.com.br

© Hernani Dimantas, 2010

SUMÁRIO

APRESENTAÇÃO

O NAP Escola do Futuro/USP inaugurou suas atividades em 1989, sob a coordenação científica do professor titular Fredric M. Litto, da Escola de Comunicações e Artes da USP (ECA/USP). Inicialmente, chamava-se Laboratório de Tecnologias de Comunicação do Departamento de Cinema, Rádio e Televisão da ECA/USP. A partir de janeiro de 1993 tornou-se o Núcleo de Apoio à Pesquisa, subordinado à Pró-Reitoria de Pesquisa da universidade.

Com suas pesquisas e projetos, o NAP Escola do Futuro/USP almejava explorar e implementar propostas inovadoras e eficazes que, utilizando recursos como a internet e a multimídia, contribuíssem decisivamente para a maximização das possibilidades do ensinar e do aprender. Para tanto, sua atuação pautava-se em princípios como o compromisso com a pesquisa; a discussão e a avaliação de diferentes estratégias educacionais; a compatibilização da pesquisa acadêmica com a prática da sala de aula por meio da disseminação de suas descobertas e metodologias pelo intercâmbio de ideias e experiências entre educadores e instituições acadêmicas nacionais e internacionais, com a realização de cursos, seminários, oficinas e outros eventos; a formação de novas gerações de educadores que vissem na interface entre educação e comunicação um campo fértil para sua criatividade, discernimento e constante aperfeiçoamento; o desenvolvimento de um modelo de parceria entre a universidade, a sociedade e diferentes agências e esferas de governo, todos comprometidos com o aperfeiçoamento da educação no Brasil.

Em setembro de 2006, a coordenação científica do Núcleo de Pesquisa das Novas Tecnologias de Comunicação Aplicadas à Educação (NAP Escola do Futuro/USP) passou a ser exercida pela professora titular Brasilina Passarelli, cuja gestão privilegia o desenvolvimento de estudos e pesquisas sobre a sociedade do conhecimento e seus impactos nas áreas da comunicação, educação e informação para iluminar os novos contornos da "sociedade em rede". Nesse momento, estão em andamento pesquisas que têm como objeto de estudo a literacia informacional, a produção individual e coletiva do conhecimento em ambientes web; a reflexão acerca das novas formas de autoria invadidas pelos coletivos digitais e pelo movimento dos "atores em rede" na interseção das fronteiras híbridas que constituem a "pele da cultura" conceitos preconizados por autores como De Kerckhove, Castells e Latour.[1]

Nesse contexto, destacam-se os seguintes principais projetos e/ou programas em andamento: Biblioteca Virtual do Estudante de Língua Portuguesa (BibVirt),[2] uma das primeiras bibliotecas virtuais de conteúdo aberto, detentora de cinco prêmios Ibest na categoria Inclusão Digital, com acervo multimídia

---

1 Derrick De Kerckhove, *A pele da cultura: uma investigação sobre a nova realidade electrónica* (Lisboa: Relógio D'Água, 1997); Manuel Castells, *A sociedade em rede* (São Paulo: Paz e Terra, 1996); e Bruno Latour, *Jamais fomos modernos* (São Paulo: Editora 34, 2008).

2 Ver http://bibvirt.futuro.usp.br.

de livros de domínio público, arquivos de vozes, sons de pássaros, músicas, além de seção especial dedicada a deficientes visuais.

Entre outros programas, destaca-se o programa AcessaSP,[3] em parceria com o governo do estado de São Paulo, que consiste no mais renomado programa de inclusão digital paulista, com cerca de 512 telecentros no estado; 959 monitores capacitados; 41,6 milhões de atendimentos; e 1,7 milhão de usuários cadastrados.[4]

Entre os programas concluídos, podem ser citados o TONOMUNDO, desenvolvido por nove anos, em parceria com o Instituto OiFuturo (ex-Telemar), que constituía um ambiente virtual dedicado à inclusão digital de alunos e professores de escolas públicas em comunidades de baixo índice de desenvolvimento humano (IDH) (até 10 mil habitantes) no Norte e Nordeste brasileiros.

Para gerar inovação no campo da epistemologia sobre as redes e sua propagação cultural, o NAP Escola do Futuro/USP instituiu a linha de pesquisa Observatório da Cultura Digital, culminando em dissertações de mestrado, teses de doutorado, livre-docência e projetos de pós-doutorado, bem como a publicação de artigos em revistas especializadas de cunho científico, além de livros e coletâneas sobre a cultura digital.

Vários projetos do NAP Escola do Futuro/USP possuem longevidade de mais de nove anos ininterruptos, o que nos credencia a desenvolver estudos etnográficos de caráter quanti-

3 Ver http://www.acessasp.sp.gov.br.

4 Dados referentes a novembro de 2009.

tativo e qualitativo numa abordagem longitudinal, ajudando a iluminar e a apontar tendências da internet na educação.

É importante devolver para a sociedade o conhecimento gerado no núcleo de pesquisa para romper com a tradição intramuros da universidade e socializar, por meio das publicações, as descobertas advindas de nosso trabalho.

O presente volume, desenvolvido a partir da dissertação de mestrado de Hernani Dimantas, um dos coordenadores do programa AcessaSP, apresenta um estudo sobre as teorias de rede, as novas articulações sociais e culturais da sociedade, não mais fundamentadas pelo paradigma do sujeito racional, mas por configurações que favorecem uma abordagem da colaboração entre pares, da lógica da participação, da descentralização da informação, da multiplicação de vozes e da emergência do coletivo.

Brasilina Passsarelli

Professora Titular. Chefe do Departamento de Biblioteconomia e
Documentação da Escola de Comunicações e
Artes da Universidade de São Paulo (ECA/USP).
Coordenadora Científica do NAP Escola do Futuro/USP.

PREFÁCIO

Era 2001, e estávamos em uma odisseia no espaço. O espaço da web. Também foi o ano em que as torres gêmeas do World Trade Center caíram, e isso foi, como demonstrado em toda a mídia recentemente, o ato simbólico da década que apenas iniciava.

Foi um ano em que nos ampliamos. Éramos um punhado de gente começando a escrever em blogs aqui no Brasil. E isso já era motivo para nos sentirmos um bando. Estávamos esparramados pelo país (alguns até em outros países), mas nos sentíamos unidos pelo ato de blogar e falar exatamente sobre isso. Não usamos nossos blogs como diário, ainda que houvessem alguns posts com esse intuito. Não éramos tão jovens quanto os adolescentes que fizeram de seus blogs uma continuação de suas vidas. Mas não éramos tão velhos a ponto de ir contra essa tecnologia que se oferecia gratuitamente para nós. Estávamos nesse limbo e soubemos aproveitar tudo isso. Estávamos felizes com esse mundo novo que se descortinava. Escrevíamos artigos, éramos comentados pela blogosfera, sentíamos certo prazer por estar na fronteira do que se descobria e se discutia. Éramos o objeto de estudo e os autores do estudo. E estávamos linkados.

Nesse ano, tive inspiração para escrever um artigo que foi rapidamente reenviado, linkado e citado nos blogs da época.

Tive a ousadia de tentar juntar o velho com o novo. Com o artigo intitulado "A linkania e o religare" pretendia fazer o link definitivo – "linkania" remetendo ao futuro e "religare" ao passado.[5]

De repente, o artigo passou a ser citado nas listas de discussão. E todos nós, que nos sentíamos partícipes desse novo momento humano, nos identificávamos de uma forma ou de outra com o que eu havia escrito numa tarde ensolarada em Sampa. Curiosamente (e eu nunca disse isso antes a ninguém), escrevi o rascunho do texto num caderno. Nada mais off-line que um caderno para escrever sobre a vida on-line. Desde então, venho pesquisando mais o antigo do que o novo. Venho tentando entender quando foi que a humanidade "deslinkou-se", e meus cálculos me aproximam do advento da agricultura, há uns seis milênios. Enquanto meu objeto de estudo passou a ser o *religare*, Hernani Dimantas, meu amigo de fé, meu irmão camarada, aprofundou-se na linkania. Tomou para si a tarefa de destrinchar o que esse admirável mundo novo tem trazido para nós, seja por meio da própria tecnologia, seja pelo que de fato acreditamos, o humano, demasiadamente humano, que habita em nós, hoje amplamente conectados.

Para mim, HD é o guerreiro incansável e suave, artesão dos bytes, defensor da liberdade e da gambiarra, pai exemplar, amigo rabugento e pintor. O Hernani que se apresenta neste livro é uma parcela ínfima do ser humano amoroso com quem tive e tenho o prazer de conviver. Seus estudos são hoje uma fonte de descobertas, de autores, de ideias linkadas umas às outras, que ele teve a generosidade antropofágica de digerir para nós.

---

5 Marcelo Estraviz, "A linkania e o religare", disponível em http://tzatziki.wordpress.com/linkania.

Por isso, peço que leiam este livro com parcimônia. Leiam como posts diários de um blog atemporal. Não tenham pressa em entender tudo. Não se perguntem por que às vezes determinadas frases parecem repetidas. Cheguei a uma conclusão que reparto agora com vocês: Hernani veio ao mundo para nos contar como se faz. E, como bom sábio, faz isso reiteradamente, até que entendamos que se trata basicamente de amor.

Marcelo Estraviz
netweaver

A Laura e David.

Toda transformação social passa pela generosidade de colaborar. Este é um livro que tem a esperança de um mundo melhor para todos nós.

INTRODUÇÃO

A sociedade da colaboração

> [...] para que mude o paradigma, falta pouco. É uma revolução silenciosa e divertida. E é subcorporativa, deliciosamente caótica, enredada, sináptica, não linear, não metódica.
>
> *Marcelo Estraviz*

Desde os tempos da Grécia clássica, duas palavras servem para designar o tempo: *chronos* e *aion*. Enquanto a primeira refere-se ao tempo cronológico ou sequencial, o *aion* denomina o tempo não cronológico, pois vai para o passado e para o futuro simultaneamente. Há ainda outro termo relativo ao tempo, designado *kairós*, que se refere ao momento apropriado ou à oportunidade para que algo ainda não real, mas existindo como potência, se efetue ou se realize.

Assim como o tempo pode ser muitos, não há uma sequência histórica ou cronológica que determine a data do nascimento da linkania. Houve, sim, com as conversações em rede, um momento oportuno – *kairós* – para que potências separadas ou esquecidas fossem, num movimento próprio, se encontrando e atualizando as relações de forças pela web. Ou seja, linkania é o acontecimento da relação do ser em rede. Do ser com possibilidades de relações nunca antes alcançadas na história da humanidade.

As pessoas sempre se relacionaram umas com as outras, em grupos. Rede não é novidade. Precisamos nos comunicar com outras pessoas. Criamos redes como as formigas preparam os formigueiros. A rede organiza a nossa civilização.

Somos seres em relação. "Não há indivíduo que não esteja em relação com outrem" é o que propõe a filosofia de Spinoza. Pessoas querem, precisam, conversar com outras, apesar de tantos desencontros, guerras, mortes e catástrofes sociais. Insistimos em querer conversar. A relação é um valor importante e genuíno na sociedade. Concerne à natureza humana estar em relação com outros seres humanos, construindo mundos, compartilhando ideias e gerando inovações.

Pode-se dizer que atualmente vivemos numa rede social. Uma rede em movimento. Uma dinâmica que está sempre na ação, na necessidade de composição, na ideia de que sempre é possível ter um bom encontro numa relação para produzir algo junto. Na filosofia da rede, chamamos de inteligência coletiva quando a sociedade faz suas composições por meio de micropolíticas. A linkania é, pois, um acontecimento para o qual o advento da internet foi o *tipping point* (ponto de equilíbrio).

"Mutação", "transformação" e "modificação" são palavras de uso corrente no cotidiano digital. A internet trouxe a ideia de revolução e, consigo, críticas inequívocas de como a sociedade moderna está estruturada. Romper paradigmas significa destruir os preconceitos nos quais estamos inseridos. Muitos desses preconceitos estão diretamente ligados ao modo como nos organizamos e conversamos, mesmo que de forma sutil, sem exatamente compreendermos por que agimos de determinada maneira.

Ao debater tal desconstrução da sociedade de massa, podemos admitir as mudanças e passar a agir de acordo com essa nova possibilidade. Há uma tendência de utilização cada vez maior dos meios binários – seja para comprar e vender, seja para distribuir informação comercial ou não. E essa tendência acompanha a forma de organização dos grupos sociais e sua capacidade de conversar de múltiplas maneiras.

Para compreender a ruptura de paradigmas que a linkania implica, temos de pensar e participar. Com o novo sistema que nasce, é preciso esquecer o comando e o controle. Assim, surge uma consciência inequívoca de que a construção de baixo para cima tem muito a oferecer para o desenvolvimento do processo coletivo, revelando uma sociedade que sobrevive e se recria na própria diversidade. Esse processo envolve a participação de muitos atores. Há uma rede em que a natureza adquire instâncias "maquínicas" e esdrúxulas, às vezes desconcertantes.

Numa interpretação literal, o termo "linkania" parece fazer referência ao costume de trocar links praticado entre blogueiros, twitteiros e o que mais vier pela frente, porque o link sempre traz informação: uma dica, uma música, um presente no Mafia Wars do Facebook. O que importa é o ato de linkar. Linkar é o espaço no qual a informação se conecta, é o espaço informacional.

As redes sociais prescindem de ações para se configurar como espaço de troca. São propriamente redes sociais quando nos conectamos com os amigos dos amigos e, além disso, procuramos compartilhar as informações com mais gente.[6] Potencialmente, podemos falar com qualquer pessoa no mundo. No entanto, ficamos contentes por conversar com algumas comunidades das quais acabamos tomando parte. Com base na experiência da blogosfera, a palavra "vizinhança" é a que melhor expressa os links que seguimos e aqueles que nos linkam. Como as vizinhanças são sempre diferentes, a linkania aponta para um espaço sem limites, já que a web tende ao "infinitesimal infinito".

Falar de linkania é, sobretudo, abrir espaços para possibilidades nas quais reverbera uma "multidão hiperconectada", movimento de auto-organização do caos. Um pensamento, uma inserção no mundo das ideias e das coisas, a generosidade de *linkar*. O *ato*, o prazer, o amor de buscar na colaboração uma nova forma de produzir e ser feliz, de se ver como um link. Tudo isso implica a participação ativa das pessoas em rede, uma troca generosa de links que catalisa a conversação, provoca e solidifica o engajamento em rede.

Participar da rede não é um ato efêmero. A forma de participação é real como a vida, pois o virtual envolve o cotidiano. A internet é mais lugar que ferramenta, que um ambiente. Mas, afinal, do que estamos falando?

---

6 Danah M. Boyd & Nicole B. Ellison, "Social Network Sites: Definition, History and Sholarship", em *Journal of Computer-Mediated Communication*, art. 11, 13 (1) (Bloomington, 2008), disponível em http://jcmc.indiana.edu/vol13/issue1/boyd.ellison.html.

A vida em rede e o xemelê[7]

Desde o fim dos anos 1990, a vida em rede tornou-se meu foco de interesse no estudo da sociedade contemporânea. Nessa época, desenvolvi o projeto *Marketing hacker*. Naquele momento, diante do aspecto inicial preponderante mercadológico da internet no Brasil, instigava-me debater os reveses "dos negócios e do *marketing*", com base no que alguns autores denominam hoje "economia da dádiva" ou *peer production economy* (a produção por pares).

Com a internet, a maioria das pessoas passou a trocar informações relevantes sobre produtos, fazer novos negócios, encontrar espaços e se organizar de maneira autônoma, sem a necessidade das organizações e dos mercados. O mercado saiu de suas instâncias para o domínio do público, para o domínio das pessoas em constante conversação.

O *Marketing hacker* foi uma das vozes que, na virada do milênio, possibilitou o debate acerca do tipo de rede que a sociedade desejava. Ele foi e continua sendo importante na menção de alternativas na emergência de comunidades. Nessa época, a experiência do software livre serviu de fonte de inspiração para muitos agitadores das redes. A colaboração explica o software livre como modo de produção. *Release early* e *release often* referem-se ao modo Linus Towards de desenvolvimento de software. Todo o processo de redificação da sociedade só é possível se considerarmos o engajamento cultural que emerge

---

7 "Xemelê" é um termo fantasia, derivado da denominação do protocolo XML (Extensible Markup Language), um padrão de linguagem para comunicação entre sistemas na web.

com as possibilidades das novas tecnologias de informação e comunicação. Na linkania, a reputação[8] é a moeda de troca.

Uma referência fundamental para as minhas questões iniciais foi o *Manifesto Cluetrain*, que surgia revelando a força das conversações nos mercados interconectados. Com a frase "os mercados são conversações", o manifesto explicitou o movimento de intervenção de pessoas e opiniões no que antes era desenvolvido ou ativado apenas no âmbito das empresas e das organizações.[9] "Os mercados são conversações, falar é fácil e o silêncio é fatal" explica como as pessoas se apropriam do espaço informacional.

Para que serve a web? As pessoas entendem para que serve a tevê, o rádio, o telefone. Mas a web pode ser tudo isso e mais: e-mail, Gtalk, navegar por um monte de sites, participar de listas, jogos e ouvir músicas lícita ou ilicitamente, assistir a vídeos ou publicá-los no YouTube, passear pelos álbuns de fotos dos amigos, blogar, twittar. Enfim, participar da internet

---

8 A reputação também é conhecida como um mecanismo de controle social ubíquo, espontâneo e altamente eficiente em sociedades naturais. É objeto de estudo em ciências sociais, administração e tecnologia. Sua influência abrange ambientes competitivos (como mercados) e ambientes corporativos (como empresas, organizações, instituições e comunidades). Ademais, a reputação atua em diferentes níveis de agência, individual e supraindividual. No nível supraindividual, diz respeito a grupos, comunidades, coletivos e entidades sociais abstratas (como empresas, corporações, países, culturas e até mesmo civilizações). Ela afeta fenômenos em diferentes escalas, da vida cotidiana às relações entre nações.

9 Em 2001, empresas, serviços, políticos e ONGs inseriram-se na internet para disponibilizar serviços e produtos. O e-commerce surgia como um novo canal de vendas. O dinheiro de outros setores começava a ser canalizado para sites, produtos e serviços da rede. A internet prometia um futuro rico, infinito e cheio de possibilidades. Em maio de 2001, a "bolha da internet" estourou, ou seja, o fenômeno de supervalorização das empresas ponto.com e de suas ações. Foi o fim de centenas de pequenas empresas virtuais que davam seus primeiros passos. Ver Floyd Norris, "Quem vendeu ações se deu melhor do que quem comprou", em *The New York Times*, 2001, disponível em http://www1.folha.uol.com.br/folha/dinheiro/ult91u16499.shtml; *Manifesto Cluetrain*, disponível em http://www.buzzine.info/46/node/53.

e deixar a rede participar de você. O compartilhamento é total. É o xemelê.

Xemelê é agitação. Uma dança, um passo de tango, um batuque dodecafônico misturando dados e máquinas. Xemelê é o maestro da orquestra invisível. Da mesma forma que a linkania inter-relaciona as inteligências das pessoas, o xemelê faz o link das máquinas, dos softwares, das inteligências artificiais que se estendem e descolam do ser humano. Máquinas que não conversam entre si não agregam valor para a comunidade. A sociedade da colaboração exige essa conversação.

Assim, um novo "bom senso" é desvelado. Esse momento é explicado pela ética hacker. As pessoas não se acham piratas por baixar músicas no Torrents. Ou será que grande parte da população on-line pode ser considerada fora da lei? Questionar a indústria fonográfica faz parte de um agenciamento importante.

E surge a linkania

Nesse ambiente de conversação, comecei a participar da concepção e do desenvolvimento de diversos projetos colaborativos, livres e abertos, como a revista digital *NovaE*.[10]

Como blog, o *Marketing hacker* foi outro experimento. Ali, falamos sobre hackers, conhecimento livre, *Manifesto Cluetrain*, *A catedral e o bazar* e outras indiscrições. *Marketing hacker* transformou-se então no livro sobre a revolução dos

10 *NovaE – desde 1999, um devir*, disponível em http://www.novae.inf.br/site/modules.php?name=Conteudo&pid=605.

mercados. Personagens como David Weinberger, Chris Locke, Doc Searls, Howard Rheingold, Lessig, Pierre Lévy e outras figurinhas eram comentados, reblogados e, principalmente, davam início a uma poderosa conversação global. "Através da internet, as pessoas vão descobrindo e inventando novas maneiras de compartilhar rapidamente o conhecimento."[11]

Essas ideias estavam sendo debatidas, remixadas e muitas vezes melhoradas (assim como no sofware livre). Por aqui, na taba do tupi, outras figuras estavam falando de coisas legais. Com essas figuras, Felipe Fonseca e eu criamos o Metá:Fora em 2002. Era um projeto independente, carregado de termos como "o silêncio é fatal", "linkania", "conectazes" e "esporos". Enfim, uma chocadeira cuja proposta era potencializar projetos colaborativos.

Em 2003, começa o Projeto MetaReciclagem como um dos espólios desse grupo. Se o Metá:Fora sempre foi uma zona autônoma temporária (*temporary autonomous zone*, TAZ), impermanente por natureza, o MetaReciclagem nasceu motivando a articulação em rede para fazer eco às propostas da apropriação da tecnologia social. É importante pensar que a tecnologia social deve ser vista como processo, um movimento a partir da apropriação da tecnologia, fazendo parte da consolidação da rede/sociedade por meio de uma ação crítica e pela compreensão dessa apropriação de tecnologia como fenômeno social.

MetaReciclagem é conversação. Um movimento em rede numa lista de discussão e num site em beta permanente, pontos de contato entre os "metarrecicleiros". Simples assim. Ação

---

11 Hernani Dimantas, *Marketing hacker: a revolução dos mercados* (Rio de Janeiro: Garamond, 2003).

distribuída. Desde o início, então, o MetaReciclagem vem participando das diversas políticas públicas. Da participação na formação de comunidades, coletivos, ou seja, de estratégias autogeradoras e auto-organizadoras na própria rede, por meio do relacionamento entre as pessoas em torno de comuns, acabei por me interessar ainda mais em compartilhar as nossas crenças e desejos.

Nesse trabalho, incluí a necessidade de um aprofundamento teórico sobre o estudo das redes, principalmente me orientando pela experiência do MetaReciclagem em trocar conhecimentos e sistematizar as informações pertinentes de forma mais organizada com outras pessoas, outros grupos e outros enfoques sobre os fenômenos nos quais estávamos envolvidos.

A conversação na rede se dá a partir de uma ruptura do ser. O sujeito rompe definitivamente com a ideia de indivíduo, assumindo a multidão dentro de si. Nesse sentido, na internet somos todos links constantemente em relação. De outro lado, a interface dessas relações simbólicas também são ícones que nos norteiam na virtualidade desse espaço informacional.

Assim, fica evidenciada a rapidez com que a entrada da cibercultura no cenário brasileiro encurtou o distanciamento entre a cultura euro-norte-americana e o terceiro mundo. Esse processo tem grandes frutos no Brasil. A construção das redes comunicativas nas quais são desenvolvidos projetos colaborativos em nosso país é um estudo pertinente, considerando o comportamento dos brasileiros que, a cada dia, vêm se apropriando da tecnologia para construir subjetividades. O Brasil é estudo de caso internacional tanto no que diz respeito às leis de direitos autorais quanto ao uso da internet para fins e demandas específicas da população.

Mais que ferramenta, a internet é um fluxo conversatório que agrega grandes novidades para os movimentos de contracultura e de mídia tática. Ela representa a recuperação da voz, a retomada dos "bazares conversatórios", o encontro com uma sociedade digital propensa a compartilhar.

Um fator importante desenvolvido nesse estudo refere-se ao processo de apropriação da tecnologia de forma democrática em alguns projetos em que estive envolvido. O Metá:Fora, assim como outros projetos que derivaram dele, exemplifica os significados do movimento hacker nas formas de produção, circulação e gestão da economia, da sociedade e da cultura. Inspirado na ética hacker, nos conceitos de nomadismos, imanência, transpostos para a internet por movimentos de contracultura, o Metá:Fora emerge da rede num diálogo que parte de uma abordagem colaborativa, de apropriação de tecnologia social e da MetaReciclagem.

A abordagem desenvolvida neste trabalho propõe esse novo paradigma, que não apenas representa um avanço do ponto de vista da comunicação e da interação, mas aponta para novas configurações no campo das ideias, do desenvolvimento social e humano. Essa nova forma de produzir e gerir o conhecimento promove a descentralização e, portanto, uma expectativa de transformação.

O ESPAÇO INFORMACIONAL 1

A expressão "comunidade virtual" está estreitamente associada aos trabalhos desenvolvidos por Howard Rheingold,[12] nos quais afirma que, para construir uma comunidade desse tipo, é preciso haver uma forte afinidade entre os participantes. É o que chamamos de construção de um ambiente comum. Inicialmente, pode ser criada por um grupo de amigos, fãs de um time de futebol, grupo musical e assim por diante. Depois, é preciso um meio de comunicação (chat, grupo de e-mails, grupo de blogs, fórum). E então é necessário ter uma massa crítica de pessoas discutindo temas suficientemente interessantes para atrair outras pessoas.

Em *The Virtual Community: Homesteading on the Electronic Frontier*,[13] Rheingold apresenta as primeiras experiências de uma sociedade em rede acessada pelo computador. O autor analisa os primórdios dessa forma de comunicação, descrevendo como consistia esse terreno antes das grandes companhias terem descoberto as suas potencialidades. Como

12 Howard Rheingold, *Smart Mobs: the Next Social Revolution* (Nova York: Perseus Books, 2002) e *The Virtual Community: Homesteading on the Electronic Frontier* (Massachusetts: Addison-Wesley, 1993), disponível em http://www.rheingold.com/vc/book/intro.html.

13 Howard Rheingold, *The Virtual Community: Homesteading on the Electronic Frontier*, cit.

elemento do ciberespaço, a comunidade virtual existe apenas enquanto as pessoas realizam trocas e estabelecem laços sociais. Assim, esse tipo de comunidade é composto por agregados sociais que surgem na rede quando uma quantidade suficiente de gente leva adiante essas discussões públicas durante determinado período, com sentimentos humanos para formar redes de relações pessoais no espaço cibernético. Seria um espaço acolhedor, no qual nos sentimos abraçados, imersos na generosidade de poder compartilhar nossos sentimentos mais humanos. Essas ideias apontam no sentido contrário àquilo que é comum numa sociedade de massa, ou melhor, numa sociedade mediada pela produção capitalista, em que as relações não são mediadas pelo afeto, mas pelo poder, pelo dinheiro, pela exploração.

Vida significa afeto, inteligência, desejo e cooperação. Podemos aqui sugerir uma passagem pelo pensamento de Spinoza, no qual ele revela o afeto, ou melhor, aquilo que nos afeta ou como somos afetados. Desse modo, nas relações que estabelecemos, bons ou maus encontros são capazes de gerar diferentes composições com ambientes e pessoas uma vez que afetamos e podemos ser afetados de diferentes maneiras.

A web me afeta positivamente. Nesse espaço informacional, encontro emoções boas. Há alguns atalhos para que as pessoas possam se compreender como pessoas. Um tipo de empoderamento, de protagonismo. Um pouco de "*glamour* utópico" que se faz atual a cada transferência de bytes.

Glamour utópico é uma boa metáfora para falar de amor. É somente com esse amor do amador que é possível fazer ciência e romper com velhos paradigmas. A internet está demonstrando que a mediação da tecnologia vem sugerindo transformações muito agudas na forma de a sociedade se organizar.

Freeman Dyson, um entusiasta da ciência como força transformadora, em *O sol, o genoma e a internet*, analisa as transformações que a tecnologia provocou no passado e traz uma visão interessante para o nosso futuro.[14] Ele acredita na tecnologia como propulsora da ciência, do conhecimento e da ética, e não o contrário. A tecnologia é o motor para o bem-estar da humanidade. O autor vislumbra técnicas e ideais futuristas para outras áreas da ciência, como a astronomia e as ciências espaciais. Segundo Dyson, os amadores foram historicamente importantes para a constituição da astronomia como ciência e continuam desempenhando um papel relevante, na medida em que, por terem mais liberdade para experimentar, podem trazer contribuições inovadoras para a astronomia. Assim, as mudanças em nossa visão do universo, causadas pelas descobertas feitas ao longo da própria trajetória dessa ciência, também beneficiam o observador amador.

De certa forma, essa linha de pensamento corrobora com o desenvolvimento de uma rede distribuída, na qual as possibilidades se abrem nas pontas. A revolução não televisionada funciona maquinicamente dessa mesma maneira. São os colaboradores que trazem consistência para que projetos como a wikipédia se consolidem.

Estamos experimentando um momento de transformação, e há a necessidade de revisão dos modos e dos modelos de produção, gestão e troca de bens materiais e simbólicos.

---

14 Freeman Dyson, *O sol, o genoma e a internet: ferramentas das revoluções científicas*, trad. Otacílio Nunes Júnior (São Paulo: Companhia das Letras, 2001).

A web invisível

O invisível não é o contrário do visível, é sua contrapartida secreta. O invisível contém o visível. E, para não desbalancear essa equação, o visível contém o invisível. Há algo mais que o visível ou o invisível na rede. Nesse sentido, Nietzsche soube fazer a pergunta certa: "Para tudo que o homem permite fazer-se visível, podemos nos perguntar: o que é que ele deseja esconder?".[15] Na web, existir é ser visto.

De acordo com Merleau-Ponty, o visível possui, ele próprio, uma "membrura de invisível". Assim, o invisível é a contrapartida secreta do visível, não aparece senão nele. Não se pode vê-lo ali, e todo o esforço para isso o faz desaparecer, mas ele está na linha do visível, é a sua pátria virtual.[16]

Ao tratar a web como parte de uma sociedade organizada, a ideia do invisível passa a ser objeto de análise. Afinal, para qualquer pessoa que não acessa as redes sociais, a conversação e todo o compartilhamento de informações se mostra invisível. Segundo Merleau-Ponty, "o invisível é aquilo que é visto por outro diferente de mim".[17] Portanto, mesmo as pessoas que têm hábitos parecidos com os meus ou com os seus enxergam a internet de forma diferente.

---

15 Friedrich Nietzsche, *A genealogia da moral* (São Paulo: Companhia das Letras, 2001).

16 "As comparações entre o visível e o invisível (o domínio, a direção do pensar...) não são comparações (Heidegger), significam que o visível está prenhe do invisível, que, para compreender plenamente as relações visíveis (casa), é preciso ir até a relação do visível com o invisível... O visível do outro é o meu invisível; o meu visível, o invisível do outro [...]." Maurice Merleau-Ponty, *O visível e o invisível*, trad. José Arthur Gianotti (São Paulo: Perspectiva, 1984), p. 200.

17 Maurice Merleau-Ponty, *O visível e o invisível*, cit., p. 209.

Ao tratar dos coletivos como produções híbridas de *naturezas-culturas*, que se expandem para além das definições que esses domínios poderiam delimitar, Latour menciona que, ao percorrer as redes, não se encontra nada que seja particularmente homogêneo: "Ninguém jamais ouviu falar de um coletivo que não mobilizasse, em sua composição, o céu, a terra, os corpos, os bens, o direito, os deuses, as almas, os ancestrais, as forças, os animais, as crenças, os seres fictícios".[18]

Ao descrever esse movimento causado por seres cuja existência mescla tanto os *homens-entre-si*, conforme a sociedade dos sociólogos, quanto as *coisas-em-si* da natureza dos epistemólogos, Latour se aproxima da ideia de *massas invisíveis* de Canetti,[19] cujas origens e lugares podem ser considerados, inicialmente, plano da transcendência, ao serem proferidos e lembrados pelos homens, causando, no entanto, intervenções no plano da imanência. As multidões invisíveis mantêm vivas as multidões visíveis e vice-versa. Colocando a contradição de que as religiões teriam iniciado a partir de uma multidão invisível de anjos, de santos, Canetti afirma que seria possível e mais positivo classificar as religiões de acordo com o modo como elas manipulam suas multidões invisíveis e exercem o poder sobre a multidão visível.

Em 1962, numa conversa com Canetti sobre a relação entre a multidão, o poder e a sobrevivência,[20] Adorno ressalta a importância de abordar a ideia de massa invisível como um con-

---

18 Bruno Latour, *Reassembling the Social: an Introduction to Actor-Network-Theory* (Oxford: University of Oxford Press, 2005), p. 105.

19 Elias Canetti, *Massa e poder*, trad. Sérgio Tellaroli (São Paulo: Companhia das Letras, 1995), p. 41.

20 Theodor W. Adorno & Elias Canetti, "Diálogo sobre as massas, o medo e a morte", em *Novos Estudos Cebrap*, nº 21, São Paulo, julho de 1988, pp. 116-132.

ceito poderoso, presente em todas as sociedades, cujo estudo foi negligenciado durante anos pela sociologia por considerar que crenças e desejos num mundo espiritual fossem algo que não tivesse em si o poder de interferir na realidade econômica e social de um povo.

Não quero especular as razões pelas quais as pessoas enxergam demônios. Entendo apenas que a massa invisível e a massa visível estão em contato. Numa relação de interface, o invisível pode ser visto por poucos ou por muitos. Isso não interessa. Entretanto, essa conexão existe. Canetti aponta que a massa invisível continua a existir atualmente e compara esse medo invisível dos demônios com o medo gerado na Idade Moderna com o descobrimento das bactérias, dos vírus. A maioria de nós nunca olhou através de um microscópio para ver uma bactéria, mas sabemos que ela existe e acreditamos nela como algo invisível e real. Esse comportamento também se refere ao modo como entendemos a multidão.

Essa raiz antropológica da visão de sociedade compartilhada por Canetti, capaz de abarcar a percepção do invisível e sua ação do transcendente para o imanente, impõe a necessidade de ferramentas e equipamentos. Para uns, objetos sagrados, para outros microscópios e, atualmente, computadores, celulares, iPhones e outros *devices*. A situação é que, em rede, os planos imanente e transcendente coexistem, se misturam, e as fronteiras são vazadas.

Compondo uma relação de cumplicidade entre os campos, não mais como opostos mas como coexistentes em qualquer processo ou movimento dos *coletivos*, como há muito tempo sempre o foram, com o passar do tempo, a internet se constituiu num plano de imanência do qual faz parte uma multidão invisível de pessoas, num local de construção de enunciados, depósito de conhecimentos. O que é a virtualidade hoje senão a expressão da potência de mediadores que enunciam, ou delegam, atuam, num espaço imanente?

Fomos capazes de desenvolver tecnologias, mas todas elas pensadas, primeiramente, no mundo do mito. É relevante mencionar a importância da figura dos xamãs como mediadores da massa invisível: "Às pessoas comuns, eles permanecem invisíveis, mas há homens com dons especiais – os xamãs –, entendidos sem conjurações, capazes de subjugar os espíritos, que se tornam seus servos".[21] Assim como os xamãs são mediadores, os usuários da tecnologia assumem esse papel e passam a exercer o poder de subjugar informações e meios conforme fins voltados para demandas e focos interessantes, realizando a conexão com o mundo invisível repleto de atores em ação na rede. O nosso problema principal, dizia Canetti, é que não temos capacidade de inventar mitos. Portanto, estamos produzindo tecnologias agora com base em mitos que foram produzidos antigamente, mas não estamos produzindo as bases de tecnologias futuras em razão dessa incapacidade de inventar mitos. Buscamos no passado os mitos que possam explicar essa geração de usuários produtores e disseminadores de conhecimento na rede.

O computador, os *mobiles*, as ferramentas de acesso à web são os microscópios que dão visibilidade à web invisível. A internet é transparente para aquele que não adentrou a rede hiperconectada. É necessário transpor a arrebentação da interface entre o atual e o virtual, ainda que se trate de um mesmo

21 Elias Canetti, *Massa e poder*, cit., p. 41.

mundo. Um mundo que, cada vez mais, tem na tecnologia a passagem de uma zona de experiência para outra. E vice-versa.

As redes sociais pressupõem uma visão da comunidade invisível para quem está fora. É muito sutil esse relacionamento. Exige confiança, compromisso e reputação. As redes sociais são massas e maltas. São aglomerados de links que se linkam por interesses comuns. Comunidade é isso. Convivemos em rede com diversas massas e diversas maltas, pois os interesses das pessoas são múltiplos. Misturamos, sem o menor pudor, nossos desejos com as coisas, o sentido com o social, o coletivo com as narrativas.

O princípio de que as pessoas estão conversando de forma diferente na internet nos leva a tentar compreender os espaços informacionais de outro ponto de vista. Numa internet cheia de trocas de informações, e-mails indo e vindo. Poesias, piadas, correntes, textos, artigos, pensamentos, listas, e-zines, Twitter, Orkut, YouTube, podcasts, newsletters e relacionamentos fazem parte do nosso cotidiano digital. Isso passou a ser normal a qualquer interneteiro. A expressão "web invisível" só faz sentido numa época em que a interface tecnológica não atende a todas as pessoas. Seja pelo gap econômico, seja pelo gap geracional.

Somado ao poder dos sites e potencializado pela dinâmica da web, esse fluxo quase infinito de informações faz da conversação o caldo de cultura de outras formas de relacionamento humano. É lógico que se trata de uma conversação muito diferente daquela com a qual estávamos acostumados no passado.

A ética hacker

> Este é o nosso mundo agora... O mundo do elétron e da mudança, a beleza do modem. Nós fazemos uso de um serviço já existente sem pagar por aquilo que seria bem caro se não fosse usado por gulosos atrás de lucros, e vocês nos chamam de criminosos.
>
> *Manifesto de um hacker, disponível em http://www.absoluta.org/seguranca/mentor.html*

Lá vem a imprensa, mais uma vez, chamar bandido de hacker. Montar um script para capturar senhas, mandar spam e pegar uns desprevenidos não é trabalho de hacker. É trabalho de bandido. E tanto faz o meio em que a quadrilha atua.

Hacker é outra coisa: nomes parecidos confundem a nossa cabeça. Hackers, crackers, lamers, piratas cibernéticos soam como se fossem a mesma coisa. A história não é bem assim. A cultura hacker tem origem no Massachusetts Institute of Technology (MIT) e em outros laboratórios norte-americanos, como o Parc da Xerox.

O movimento hacker coloca o ser humano no centro do universo e passa a desenvolver toda uma nova relação para satisfazer essa variável. Esses são os caras dos softwares de códigos livres, esses são os homens do Linux.

Mas a imprensa faz o jogo do poder. Por volta de 1984, um episódio que envolveu um vândalo cibernético foi coberto pelos grandes jornais norte-americanos. Perversamente, os jornalistas utilizaram o termo “hacker” de maneira equivocada. Essa confusão serviu para encobrir o movimento que florescia.

A internet é uma obra-prima hacker, movimento restrito à arena tecnológica. Ser hacker independe do conhecimento inerente da computação. Faz mais sentido pensar no artífice, na criatividade do ser humano catalisada pela digitalidade da rede.

Então, ao ler em algum artigo a referência equivocada da palavra “hacker”, é bom pensar no jogo de poder que envolve a nossa civilização. Ser hacker não significa ser bandido, assim como ser revolucionário significa a busca de uma vida melhor para todos nós. Nesse sentido, os hackers estão trabalhando e trazendo novas promessas.

Uma sociedade da informação, baseada em relacionamentos de rede e impulsionada por computadores, abre espaços para uma nova forma de trabalho imaterial. Emerge, assim, uma comunidade de programadores que comungam ética e cultura próprias baseadas na colaboração, no compartilhamento do conhecimento e na ausência de hierarquias. Essa comunidade clama por liberdade e, por meio das suas iniciativas de produção de conhecimento em rede, concebeu-se o movimento do software livre.

Os hackers são uma comunidade, uma cultura compartilhada de programadores *experts* e gurus de rede cuja história remonta a décadas, desde os primeiros computadores de tempo compartilhado e os primeiros experimentos na Arpanet. Foram os membros dessa cultura que deram origem ao termo “hacker”. Também foram eles os que construíram a internet e fizeram do sistema operacional Unix o que ele é hoje. Hackers mantêm a Usenet. Hackers fazem a World Wide Web funcionar.

Se você é parte dessa cultura, se você contribuiu com ela e outras pessoas o chamam de hacker, você é um hacker.

Falando sério: é preciso entender que o importante numa sociedade em rede é ser apontado pelos outros. Alguém só é hacker quando os outros afirmam isso. Reputação na veia.

Mas, para entender a ética hacker, é importante a apropriação do conceito do software livre. A revolução começa com Richard Stallman nos anos 1970. A filosofia começa aí. Ideias como código aberto, *copyleft* e liberdade para melhorar o código dão ao movimento do software livre um discurso carregado de ideologia.

O *boom* aparece com um moleque que, na época, tinha 20 anos. Foi na década de 1990 que, influenciado pelas ideias de Stallman, Linus Torvalds disponibilizou os códigos na rede. Essa história tornou-se conhecida. O Linux explodiu na rede da moçada. Um grande número de programadores frequentemente colabora com o Linux. Outros muitos milhares colaboram com outras comunidades. Drupal e Joomla são alguns exemplos de que costumo me valer nos projetos que venho organizando.

O termo "hacker" pode ter surgido da comunidade de programadores, mas ela se libertou. Hacker é *copyleft* desde sempre. Do meu ponto de vista, hacker é o artesão da tecnologia. O trabalho do artesão se espalha no HTML, juntando as novidades, peças do quebra-cabeça que se reúnem numa nova forma e significado. Tudo colado pela imaginação. Imagens, poesias, contos, fatos e fotos, mostrando caminhos tortuosos do espírito humano, realçando o belo, o romântico e o diferente. As atitudes hackers navegam na interface em que a cultura e a tecnologia se encontram.

O filósofo finlandês Pekka Himanen,[22] autor de *A ética dos hackers e o espírito da era da informação*, diz que é preciso realizar um trabalho consciente e formar "novos heróis". A tendência tem sido celebrar os feitos dos executivos de grandes empresas tecnológicas e de outros que só se movem de acordo com os interesses de suas companhias. Mas a rede não pode existir sem a ação individual, e por vezes anônima, dos bons hackers. Verdadeiros heróis da generosidade, porque dividiram seus conhecimentos com os colegas, como fizeram Vinton Cerf e Tim Berners-Lee, os pais da internet na rede, entre outros. Além disso, Himanen acrescenta que os nomes de criminosos e dos piratas virtuais – maus hackers – simplesmente se perderão na poeira da história.

Fundamentados na apropriação da tecnologia, os hackers vão moldando um novo contrato com a sociedade. Acreditamos que a revolução digital deva ser traduzida como um ponto de fuga em que o conhecimento não deve ser propriedade de empresas ou governos, mas livre. Na cultura hacker, ética significa a crença de que o compartilhamento da informação é um poderoso e positivo bem. Na prática, isso significa um dever ético de trabalhar sob um sistema aberto de desenvolvimento, no qual cada um disponibiliza a sua criação para outros usarem, testarem e continuarem seu desenvolvimento. Conhecimento é um bem que não se perde, mesmo quando o compartilhamos. Esse pensamento é oposto à lógica do capital.

O hacker faz intervenção. Explica a aproximação dos movimentos de mídia tática ou, mais especificamente, dos movi-

---

22 Pekka Himanen, *A ética dos hackers e o espírito da era da informação*, trad. Fernanda Wolff (Rio de Janeiro: Campus, 2001).

mentos de contracultura, como trabalhos de net-artistas. Se a lógica do capital busca a obtenção de lucro dos seus investimentos mediante a extração de um produto, a mídia tática rejeita o "próprio" – nomes próprios, identidades, territórios definidos – em nome do "temporário, do precário, do efêmero e do improvisado".[23]

Podemos também acrescentar aos nossos argumentos éticos o fato de que a paixão é a maneira livre que os hackers apontam no sentido da permissividade para "brincar" e permitir que o trabalho seja feito de acordo com o ritmo de cada um. Da mesma forma, a ética hacker é uma nova ética do trabalho que não apenas desafia, mas propõe outra forma de relação com o trabalho. A ética dos hackers é ainda um desafio para nossa sociedade e para a nossa existência.

A revolução não televisionada

A atuação das pessoas em blogs, fotologs, Orkut ou em qualquer "não lugar informacional" faz com que a voz, a comunicação, não seja mais monopólio da mídia de massa, ou da ideia da comunicação de um para muitos. Entendemos que, desde a revolução de Gutenberg,[24] a humanidade não apresentou algo

23 J. Berry, "Bare Code: Net Art and the Free Software Movement", disponível em http://www.data-browser.net/02/DB02/BerrySlater.pdf.

24 Refere-se à invenção da imprensa por Gutenberg e à primeira publicação em livro no século XIII. Por volta do ano de 1500, havia impressoras em mais de 250 centros europeus, e elas já haviam produzido cerca de 27 mil edições. Ver também Peter Burke, "Problemas causados por Gutenberg: a explosão da informação nos primórdios da Europa moderna", em *Estudos Avançados*, 16 (44), São Paulo, abril de 2002, disponível em http://www.scielo.br/scielo.php?script=sci_arttext&pid=S0103-40142002000100010&lng=en&nrm=iso.

tão original como a internet para o rompimento do paradigma cultural efetivado pelo modernismo. A conversa de muitos para muitos tem um alcance espetacular na relação de poder. Para Foucault,[25] o poder provém de todas as partes, em cada relação entre um ponto e outro. Essas relações são dinâmicas (móveis) e mantêm ou destroem os esquemas de dominação.

A correlação de forças imanentes é expressa na rede como zonas de colaboração cujo conceito é o espaço informacional em que as pessoas comuns estão engajadas no desenvolvimento de comunidades e de relações e nas conversações.

Assim, cabe a nós pensar como essa problemática está sendo contemplada e como o estudo das teorias da comunicação pode desvelar o processo da formação de uma nova geração de comunicadores que, diferentemente das gerações anteriores, se constitui de forma independente dos grandes meios de comunicação e tem nas ferramentas de edição na internet (os blogs) seu meio de criação, difusão e troca de informação e conhecimento.

A revolução digital trouxe para as novas gerações a cultura do compartilhamento do saber. Com ela, uma nova ordem passou a ser concebida, já que, contrapondo-se a alguns padrões culturais da sociedade ocidental, os bits criaram possibilidades de quebrar paradigmas. Entretanto, para compreender essa ruptura de paradigmas, é preciso participar, já que, para existir, a sociedade em redes pressupõe o engajamento.

Na esteira da "evolução da informação", a emergência das formas de organização em rede encontra amplo favorecimento

---

25 Michel Foucault, *Microfísica do poder*, trad. Roberto Machado (4ª ed. Rio de Janeiro: Graal, 1984).

no seio da sociedade global e anuncia uma profunda transformação na estruturação do mundo contemporâneo. As redes "parecem ser as próximas formas dominantes de organização", muito tempo depois das tribos, das hierarquias e dos mercados, "chegando a definir a seu próprio modo as sociedades e, assim, a natureza do conflito e da cooperação".[26]

Nesse sentido, a sociedade necessita da diversidade dessas redes para sobreviver. O espaço informacional abrange um processo de agenciamento coletivo que torna possíveis saltos acentuados em direção à ação direta sobre o que Foucault chama de "microfísica do poder". Esse filósofo acredita que a verdade não existe fora do poder ou sem poder, pois a verdade é produzida neste mundo graças a "múltiplas coerções" e, ao mesmo tempo, provoca nele efeitos regulamentados de poder. Cada sociedade tem seu regime de verdade, de política geral e de discursos que a faz funcionar como verdadeira, como mecanismos de distinção entre enunciados verdadeiros ou falsos.

O que se observa é que a internet tem possibilitado um agenciamento de enunciados diferente daquele do mundo desconectado. Há uma propensão por parte das pessoas que habitam o ciberespaço – e fazem dele uma extensão da própria vida – de encarar a internet como um novo lugar. Nesse lugar, existem de fato pessoas conversando com pessoas. Entretanto, embora a fronteira eletrônica extrapole a noção de lugar geográfico, o conceito de lugar ou não lugar não é o que delimita as especificidades dessas vivências e experiências coletivas. Nelas, o lugar é substituído por uma interface cultural, que tem no

26 John Arquilla & David Ronfeldt, *Networks and Netwars: the Future of Terror, Crime and Militancy* (Santa Monica: Rand, 2001), p. 311, disponível em http://www.rand.org/publications/MR/MR1382.

link a expressão do inter-relacionamento de pessoas e grupos a partir de uma experiência distinta com o tempo e o espaço.

A internet (ou internets) só existe por causa dessa rede hiperconectada. Desse modo, a metáfora aparece na cibercultura como um transporte de ideias e pensamentos numa rede hiperconectada. Essas metáforas podem ser utilizadas, modificadas e reapropriadas de diferentes formas. Por exemplo, os bancos a utilizam para interagir com seus clientes, as rádios reverberam o jabá on-line, os grandes provedores disponibilizam o último suspiro da mídia de massa, os blogs nos mostram a diversidade das vozes, etc.

Grande parte desses sistemas atua na manutenção das forças e na perpetuação do poder do capital globalizado. Ou seja, aquilo que chamamos de *mainstream*, operado segundo a lógica do capitalismo imperialista. No entanto, há uma pequena porção da internet que se descola dessa lógica, constituindo um ambiente de compartilhamento de informações e conhecimento. As pessoas estão trocando músicas, conversando em chats, twittando, publicando em blogs, ou seja, o poder da voz está cada vez mais se descentralizando.

A colaboração reaparece como uma das formas de diminuir a fricção entre a sociedade e os anseios das pessoas. Surge uma consciência inequívoca de que a construção de baixo para cima tem muito a oferecer em termos de desenvolvimento de processos coletivos. E, assim, tudo muda. Crianças aprendem a colaborar, a desenvolver projetos on-line e a espelhar os sonhos no ambiente web.

Assim, a entrada da web escancara as portas da comunicação, facilitando a publicação dos pensamentos mais profundos e o acesso indiscriminado desses pensamentos a qualquer ponto da rede. A internet está ensinando as pessoas a se inter-

-relacionarem nesse espaço virtual. Ou seja, colaborar significa criar para as sociedades.

É interessante pensar na colaboração relacionada ao tempo aiônico que se direciona para o passado e o futuro ao mesmo tempo. Podemos dizer que, ao dar continuidade aos projetos existentes, da mesma forma que colaboramos com as gerações passadas, dando continuidade, modificando, melhorando ou piorando, também contribuímos para o que será produzido pelas próximas gerações. Porque colaboração é processo, trata-se de produzir independentemente de retornos financeiros em curto prazo. É essa a grande novidade. A metodologia de trabalho é simples e virtual, ou seja, qualquer pessoa com um computador conectado à rede e com um pouco de conhecimento tem a possibilidade de participar voluntariamente do espaço informacional.

A era da conexão

Vivemos em rede. Redes de familiares, amigos, negócios, engendradas nos relacionamentos conversacionais das pessoas comuns. A rede é o princípio de uma sociedade, que emerge quando a gentileza gera gentileza. Mas estamos vivendo um processo de interseção. Não entre a cultura de massas e a cultura de rede, mas entre ideias e teorias diferentes.

A web também pode ser entendida como um mundo partilhado que estamos construindo juntos. Esse processo de construção seria caracterizado por uma ruptura de contêineres de tempo e espaço ou pela "desconteinerização da metafísica padrão".[27] Nesse sentido, a internet pode, sim, ser entendida como um novo lugar, um ambiente diferente. Internet não é apenas uma nova mídia, um canal de comunicação. E, como consequência, esse novo lugar é propício para as conversações, para uma sociedade colaborativa.

O maior efeito social da tecnologia, em longo prazo, vai além da eficiência quantitativa de fazer as coisas de maneira mais rápida e barata. O maior potencial de transformação da rede está em conectar pessoas: é a chance de produzir coisas novas juntos, um potencial de cooperação em escalas que anteriormente não eram possíveis.

Estar na rede não é só ligar o computador e acessar a internet. Tem a ver com o encontro entre as pessoas. De nada adiantam programas incríveis, tecnologia de bolso ou quaisquer outros aplicativos se as pessoas não estiverem vivendo, convivendo e participando desse lugar feito de cabos, silício e também de tecnologia sem fio.

A internet depende da tecnologia para crescer e florescer. Mas não é simplesmente pela tecnologia que podemos pensar e explicar a revolução digital. As tecnologias são meios. Meios de translação, de comunicação, de interação, no sentido de que nos possibilitam o trânsito e a vivência entre diferentes ideias, culturas, informação e conhecimento.

Desde o século XIX, grande parte do esforço científico tem sido aplicada no desenvolvimento de meios de translação e comunicação, ou seja, de novas formas de conectar pessoas. Carros, aviões, rádio e televisão, de certa forma, encurtam a

---

27 David Weinberger, *Small Pieces Loosely Joined: a Unified Theory of the Web* (Cambridge: Perseus, 2002).

distância entre os seres humanos. Carros, aviões, rádio e televisão, ao mesmo tempo, constituem poderosos instrumentos estratégicos por onde circulam ideias e modos de vida. A internet segue nessa mesma linha: serve para conectar pessoas, ideias, modos de vida e produção social.

Entretanto, em relação aos demais meios de comunicação e informação, a internet é mais abrangente. A rede propicia uma organização emergente que não apenas aproxima as pessoas, mas as coloca diante de um modo de produção colaborativo. Ela cria um lugar de convivência impensável até seu surgimento.

Tempo e espaço não têm o mesmo significado que aprendemos nas experiências comuns ou mesmo com os demais meios de comunicação. O meio físico caminha para a virtualidade. E a virtualidade caminha para a realidade. O paradoxo, assim, se transforma em paradigma. O paradigma é o humano, são ideias, sentimentos, ações. A luta pela liberdade no contemporâneo se dá nesse contexto.

É por isso que a internet não depende apenas de computadores, mas necessita da tecnologia para estabelecer o *status quo* virtual. Sem meios de acesso, ficamos à margem da sociedade virtual. Para existir, democracias interconectadas precisam de acesso irrestrito para se garantir enquanto tais. A tendência é de que haja convergência de tecnologias, no sentido de operar a passagem entre a tecnologia anterior para a digitalidade da rede. Telefones devem conversar com a rede, enviando e recebendo informações. Televisões devem fazer o mesmo. Os portáteis, incluindo celulares e PDAs, deverão estar conectados em rede, propiciando aos usuários uma conexão ao mundo virtual, onde seja possível aceder às informações e blogar suas análises, retroalimentando a rede.

Atualmente, utilizamos uma tecnologia que remonta a mais de trinta anos. Por que propor avanços? Simples: avanços significam barateamento e massificação da tecnologia. Assim, a grande sacada está em dar vazão a essa conectividade. Buscar o potencial para incrementar o inter-relacionamento dos mercados – ou bazares para usar o termo de Eric Raymond –[28] como mediações entre pessoas, produção, produtos e signos.

Então, é impossível desvincular cibercultura de inteligência coletiva e da catalisação dessas inteligências pela internet. Por trás de cada computador, há um ser humano buscando uma nova forma de aprender, produzir, se expressar, ensinar, aproveitar e prosperar. E humanos também são sonhos, sentimentos e contradições, não apenas razão, cérebro e máquina. Já disseram que, em cada um de nós, há multidões. Também já disseram que somos símbolos ou signos. Hoje, podemos dizer que somos links. Links que se conectam com outros links.

Um novo sistema

Um programa de computador pode ser revolucionário? O Linux é um sistema operacional, ou seja, permite o diálogo entre o ser humano e a máquina. Podemos colocar o Linux como a ponta

---

28 Em *A catedral e o bazar*, Eric Raymond narra toda a história do movimento Open Source e discute os dois estilos fundamentais diferentes de desenvolvimento, o modelo "catedral" da maior parte do mundo comercial contra o modelo "bazar" do mundo do Linux. Acredito que esses modelos derivam de suposições opostas sobre a natureza da tarefa de depurar o software. Ver Eric S. Raymond, *The Cathedral & the Bazaar: Musings on Linux and Open Source by an Accidental Revolutionary* , trad. Erik Kohler (Sebastopol: O'Reilly & Associates, 1999), disponível em http://www.geocities.com/CollegePark/Union/3590/pt-cathedral-bazaar.html.

do *iceberg* do movimento dos códigos livres. Uma organização colaborativa, anárquica e disforme, poderosa pela essência que une as pessoas num projeto comum. A rede faz esse movimento aflorar. O Linux foi o primeiro produto, moderno e competitivo, criado num modo de produção não capitalista. Essas mudanças que emergem do meio virtual repercutem construtivamente em outros setores.[29]

Isso tudo aterroriza o grande monopólio. É difícil combater a organização de pessoas comuns. Estamos vendo o Linux, assim como outros programas abertos, aumentar sua participação nos mercados. Não parece mais coisa de sonhador. É realidade.

O grande diferencial desse sistema operacional é o modo de produção, pois foi criado pela colaboração entre pessoas comuns. É curioso saber que todo esse processo de criação foi comandado por um garoto finlandês e acabou envolvendo centenas de programadores espalhados pelo mundo. O livro de Torvalds e Diamond intitula-se *Só por prazer*.[30] O prazer de estar conectado numa rede em que os espaços entre as pessoas a distância se encurtam com um clique. Linus não é o estereótipo do que conhecemos como um boa-vida. Ele trabalhou muito para criar o Linux. Para mim, esse é um exemplo de que o trabalho, o prazer e o amor caminham juntos. A vontade de viver, de trabalhar, de fazer as coisas realmente importantes para cada um atende a uma inclinação vital. Isso faz parte de uma

---

29 Essas questões podem ser aprofundadas nos estudos de Himanen, Torvalds e Diamond. Pekka Himanen, *A ética dos hackers e o espírito da era da informação*, cit., p. 53; Linus Torvalds & David Diamond, *Só por prazer: Linux, os bastidores da sua criação*, trad. Flávia Beatriz Rössler (Rio de Janeiro: Campus, 2001), p. 68.

30 Linus Torvalds & David Diamond, *Só por prazer: Linux, os bastidores da sua criação*, cit.

nova maneira de pensar, de viver, de se interessar afetivamente pela criação de alguma coisa.

Buscar satisfação nas tarefas rotineiras. Fazer da nossa existência algo mais importante. A internet facilita essa aproximação, libera a mente humana para estabelecer a diversidade. O meio digital abre espaço para a criatividade. Estamos constantemente trocando informações e recriando conceitos, seja com programas, palavras ou imagens. O artesão volta à cena após tanto tempo de segregação.

O hyperlink subverte a hierarquia

Dizemos que o Linux é subversivo na medida em que transforma a estrutura imposta pela revolução industrial. Na era da internet, ele desponta como o primeiro produto idealizado e concebido pela sociedade da informação. A distinção entre o sistema Linux diante do modelo comercial dominante de softwares, caracterizados pelos produtos da Microsoft, é sobretudo a sua abertura. Isso significa liberdade na cessão, na alteração, na utilização e na distribuição do software. Mas a grande inovação do Linux, diferentemente do que muita gente pensa, não está no aspecto técnico, mas, sim, no aspecto social.

Compartilhar informações e saberes é o que tem permitido a maioria dos grandes avanços da ciência. Do mesmo modo que os pesquisadores aceitam que observadores examinem e utilizem suas descobertas em suas respectivas áreas de estudo, que testem e desenvolvam além do ponto em que se encontram, os hackers que participam do projeto Linux permitem que todos possam utilizar, testar e desenvolver seus programas. Trata-se de uma ética científica que, em programação, recebe o nome de código-fonte aberto ou *open source*.

Na internet, as pessoas têm a possibilidade de interagir com as comunidades e, assim, protagonizar sua própria existência, buscando e construindo nas comunidades informacionais os interesses comuns. Logo, o modelo aberto não é uma invenção alucinada de um *nerd* finlandês, é um conceito há muito conhecido e considerado uma alternativa para o crescimento colaborativo.

Do *copyright* ao *copyleft*

Copyleft significa a maneira como os movimentos contraculturais veem a questão dos direitos autorais. Trata-se de uma forma de proteção dos direitos autorais que tem como objetivo prevenir as barreiras para a utilização, a difusão e a modificação de uma obra criativa. Ao aplicar *copyleft* aos seus trabalhos, autores e criadores esperam produzir condições mais favoráveis para que o maior número de pessoas se sinta livre para contribuir com melhoramentos e alterações nesses trabalhos, ou seja, a inovação passa a ser um processo continuado.

Essa forma de compartilhamento de trabalho faz com que encaremos esse processo de maneira mais pragmática e que repensemos a dinâmica da remuneração, pois, no conceito do *copyleft*, o trabalho imaterial deixa de ser "propriedade" do autor e se estabelece como uma "referência" ao autor. Do mesmo modo que o *copyright* reinou durante toda a era industrial, vemos atualmente o crescimento da ideia do *copyleft* em toda a indústria relacionada ao conhecimento. O fluxo do conhecimento torna-se mais livre a cada dia, não pertence a uma entidade ou a uma empresa. Na verdade, não pertence a ninguém. É importante entender que a ideia de reputação num ambiente caótico e rico em diversidade passa a ser uma variável importante na composição da remuneração e da sobrevivência.

Uma verdadeira descentralização no processo de produção de conhecimento está sendo realizada, não pela demanda, mas pela oferta. As pessoas parecem tão empolgadas em produzir livremente que não se incomodam, em curto prazo, de difundir suas ideias ou seus programas. Esse conceito capacita muito mais gente a participar da vida inteligente. As pessoas têm mais possibilidades de mostrar seus trabalhos, gerando mais expectativas realizáveis para alcançar os sonhos.

Creio que a internet já mostrou que muitas instituições estão com os dias contados. Uma organização caótica responsável pelo download ilegal de música. Uma organização que conta com pessoas não muito diferentes de mim ou de você. Não foi necessário colocar um curso on-line ensinando como baixar música. O Orkut foi invadido sem batalhas. O Obama foi eleito pelos amigos dos amigos.

O *Manifesto Cluetrain*

Com o *Manifesto Cluetrain* debutando na rede em 1999, surge um novo enfoque para as conversações on-line. Uma poderosa conversação global nasce por meio da internet. A busca por conteúdo relevante torna-se inerente à sociedade em rede, que pressupõe a interatividade. A comunicação se dá de muitos para muitos. Os mercados são conversações, e essas conversações ocorrem por meio de uma linguagem naturalmente aberta, honesta, direta, engraçada e, às vezes, até chocante. "Seja explicando ou reclamando, brincando ou séria, a voz humana é genuína. Ela não pode ser falsificada."[31] É nesse sentido que o *Manifesto Cluetrain* faz a diferença, pois, em primeiro lugar, contextualiza a conversação como forma de comunicação on-line. É verdadeiramente uma conversação humana, isto é, são pessoas em rede conversando naturalmente. A crítica à falsificação da voz vem da tentativa frustrada dos conglomerados de comunicação de massa no sentido de repetir o modelo tradicional de fazer negócios.

O *Manifesto Cluetrain* desmistifica o momento anterior ao "estouro da bolha" ocorrido em 1999. Foram Locke, Levine, Searls e Weinberger que postularam as 95 teses que desmontam a maneira tradicional de fazer negócios e apresentam um novo paradigma com o qual decretam "o fim dos negócios da maneira como estamos acostumados a fazer".[32]

Essas teses foram inspiradas nos 95 postulados de Martinho Lutero. A primeira delas – de que os mercados são conversações – apontava para uma nova dinâmica rumo ao desenvolvimento da cibercultura, da internet e das políticas de comunicação digital. Elas apresentam os "mercados em rede" como uma auto-organização que se desenvolve na contradição do sistema capitalista e dizem: "Graças à web, mercados estão se tornando

31 Christopher Locke, Rick Levine, Doc Searls, David Weinberger, *The Cluetrain Manifesto: the End of Business as Usual* (Nova York: Perseus Books, 2000).

32 Christopher Locke *et al.*, *The Cluetrain Manifesto: the End of Business as Usual*, cit.

mais bem informados, mais inteligentes e demandando qualidades perdidas na maioria das organizações".[33]

Eric Raymond observa que o Manifesto está para o *marketing* e as comunicações assim como o movimento dos códigos abertos está para o desenvolvimento de software: anárquico, bagunçado, rude e "infinitamente mais poderoso que essas besteiras que se transformaram em sabedoria convencional".[34]

Entender que os mercados são conversações é tão fácil como andar de bicicleta. Quem conversa uma vez nunca mais esquece. A conversação on-line, tanto na internet como nas intranets, está gerando novas formas de encarar os problemas, criando novas perspectivas, novas ferramentas e um novo tipo de incentivo intelectual. O resultado é um ganho incomensurável na habilidade de aprendizagem e ensino, que se reflete na capacidade de brincar com seriedade. As pessoas saem do trabalho e se linkam. No dia seguinte, levam novidades para a empresa. Isso é bom. Esses navegadores estão inoculando nas empresas um novo agenciamento de ideias.

Além disso, o *Manifesto Cluetrain* disseca o mundo dos negócios como um estilete: corta os velhos conceitos da administração e mostra aos homens de negócios que a relação de trabalho pode ser diferente, sem as mazelas do passado e sem a frieza do presente. A internet abre as portas para o inter-relacionamento de pessoas e empresas e pode mudar a estrutura de poder, antes na mão das corporações e agora resgatada por pessoas comuns.

---

33 *Ibidem.*

34 Eric S. Raymond, *The cathedral & the Bazaar: Musings on Linux and Open Source by an Accidental Revolutionary*, cit.

O *Manifesto Cluetrain* estabelece um momento de ruptura. De certa forma, ele mostrou que a internet estava provocando uma multiplicação das vozes, revelando como se organizavam em micromercados ou microcomunidades e emergiam como comunidades, a exemplo de Slashdot e Plastic. Aqui no Brasil, a NovaE, a Widebiz e o Radinho, entre outros, são exemplos dessa emergência de vozes. Em 2000, a arte de blogar começou a expandir com o aparecimento do site do Blogger, dando vazão à criação de centenas de milhares de blogs pelo mundo. As vozes foram liberadas na rede, e a partir dessa ideia o projeto Metá:Fora foi concebido.

2 TECNOLOGIAS DE INFORMAÇÃO E COMUNICAÇÃO E POLÍTICAS DIGITAIS

No Brasil do fim do século XX, mais especificamente na última década, o debate sobre a importância do processo de inclusão digital começava a ter eco na sociedade civil organizada e nos governos.

Os primeiros programas de governo e organizações não governamentais (ONGs) estabeleceram alguns conceitos de inclusão pela utilização das tecnologias de informação e comunicação (TICs), com a oferta de banda larga, a partir de 2001, pelas companhias de telecomunicações. Os valores da banda tornaram-na acessível a muitos internautas, somando-se à disseminação da cultura hacker por meio da adoção do software livre em muitos projetos importantes, a exemplo dos telecentros da Prefeitura do Município de São Paulo e do AcessaSP, programa de inclusão digital do governo do Estado de São Paulo. Do mesmo modo, abriram-se condições para a emergência de projetos independentes na interface entre tecnologia e sociedade.

Esse papo é sério. No entanto, entendo que alguns fatores ainda me levaram a associar a cultura hacker às políticas públicas dos governos brasileiros.

Pensar em inclusão digital no Brasil e no mundo é uma preocupação que tem início na sociedade civil organizada. As primeiras redes que ocuparam o espaço informacional têm sua origem no BBS.[35] A Ação da Cidadania e muitas redes que formaram a Rede de Informações para o Terceiro Setor (RITS) têm importância significativa no debate sobre internet, governo eletrônico e inclusão digital. O Comitê para Democratização da Internet (CDI) tem sua origem nessas redes, atuando na primeira fase da inclusão digital, ou seja, a preocupação até esse momento estava no acesso ao computador. A internet ainda engatinhava.

O ano de 1999 foi bom. A internet acabara de se livrar das empresas de fachada. Empresas que venderam nas bolsas norte-americanas o sonho da nova fronteira elerônica. O estouro da bolha despertou o ouro de tolo. Esse *boom* desinflacionou o mercado, reduziu o número de empregos relacionados à tecnologia e, o mais importante, devolveu as vozes às pessoas comuns. Blogs, fotologs e outros acontecimentos na web mostraram que as pessoas queriam conversar. É uma forma muito particular de soltar a voz, efetiva e revolucionária.

Ao mesmo tempo, os bancos começaram a fornecer uma qualidade de serviços on-line que mostra ter muito valor para o consumidor. O fim da fila faz do sonho uma realidade. Os go-

---

35 De acordo com a Wikipédia: "BBS (acrônimo inglês de *bulletin board system*) é um sistema informático, um software, que permite a ligação (conexão) por telefone a determinado sistema pelo seu computador, possibilitando a interação com ele, tal como hoje se faz com a internet".

vernos entenderam que as facilidades dos serviços on-line diminuiriam consistentemente os custos dos serviços públicos. O governo eletrônico tornou-se uma necessidade. E essa necessidade fez eco a outra questão: as pessoas comuns deveriam ter o direito de acesso às redes.

A partir daí, a inclusão digital passou a ser política pública. Entretanto, os projetos de inclusão digital se depararam com o fato de que a tecnologia era apenas uma parte do processo. O computador é apenas a porta de entrada para a linkania. Na verdade, outro problema foi apresentado: o uso do computador como ferramenta necessária tanto para a educação como para o mercado de trabalho que já estava consolidado. O desafio estava na conexão. Internet para todos passou a ser uma questão recorrente na construção das políticas públicas de acesso.

Mas o desconhecimento era muito grande. Não existia uma experiência sobre o desenvolvimento desses projetos. As experiências colaborativas das comunidades do software livre, da blogosfera, da inteligência coletiva e da contracultura foram inspiradoras das políticas públicas. No meu entender, uma ocupação hacker dos espaços informacionais.

O Linux foi adotado como plataforma operacional nos maiores projetos de políticas públicas no Brasil. O diferencial estava na adoção da ideologia do software livre como arcabouço teórico, principalmente pelo enfrentamento ao monopólio e pela liberdade de acessar, modificar e distribuir o código. O software livre abriu o debate sobre o conceito de colaboração. No entanto, as expectativas ainda estão num plano de articulação que se faz pelas vinculações da prefeitura, das ONGs e dos líderes comunitários. Não se pensa, todavia, na atuação daquelas pessoas interessadas no processo, ou seja, os verdadeiros atores dos projetos.

O termo "inclusão digital" acabou perdendo parte do seu significado inicial em razão do uso indiscriminado para diferentes tipos de projetos. Hoje, esse termo designa computadores defasados sem acesso à internet e com pouco mais que um processador de texto a totens multimídia com conexão por satélite. Essas ações têm em comum o fato de serem influenciadas por fatores externos, fatores determinados pelo mercado de tecnologia, pela visão de algumas organizações não governamentais dedicadas ao tema, pelo setor acadêmico e pelas prioridades do poder público.

Ou seja, o cardápio da inclusão digital não é escrito por quem dele se utiliza. Independentemente dos benefícios que trouxeram ou da legitimidade de suas atividades, as ações de inclusão digital possuem cada qual uma abordagem particular.

A abordagem da indústria da tecnologia: (in)adequação

A indústria de tecnologia tem um papel importante no processo de inclusão digital. Nesse aspecto, não há como se desvencilhar da forte influência que o ciclo de obsolescência dos equipamentos de informática contribuiu na "aposta" do uso de computadores usados com objetivos de inclusão digital.

Acostumadas a vender periodicamente um produto novo para o mesmo consumidor e escoradas pelas constantes inovações e pelo aumento da capacidade dos equipamentos (processamento, memória, armazenagem, conectividade, etc.), as indústrias calcaram no crescimento econômico e no aumento da produtividade imposta pelas novas ferramentas a tarefa de aumentar seus mercados. Durante anos, cresceram mantendo essa visão. Dessa forma, não seria um mau negócio apoiar um modelo de inclusão digital. O lixo tecnológico que a troca constante dos equipamentos produz tem grande potencial na formação de novos consumidores.

A consequência da ampliação do ciclo de obsolescência dos equipamentos de tecnologias da informação em suas taxas de crescimento foi, entretanto, subestimada pelas empresas. O mercado de computadores estava suficientemente maduro para conter a vazão por uma quantidade inesgotável de lixo tecnológico.

A indústria de tecnologia da informação também se mostra incapaz de compreender o fosso que separa seus produtos, desenvolvidos para satisfazer às necessidades do mundo rico (ou dos ricos do mundo), dos produtos que os novos mercados "terceiro-mundistas" estariam dispostos a comprar. Para essa indústria, a inclusão digital é um potencial de ampliação do mercado. Apesar da notoriedade que a inclusão digital ganhou e do fato de que os financiadores do mundo todo estavam dispostos a investir no assunto, a indústria de tecnologia da informação permaneceu calada, não ofereceu inovações tecnológicas relevantes nem a adequação dos produtos já existentes. Conectividade, resistência, personalização, diferenças culturais dos usuários e manutenção são apenas alguns dos itens que mudam radicalmente quando você tira um computador da mesa de um escritório em Nova York e o coloca num centro público de acesso em Capão Redondo.

Quantos fabricantes de hardware ou software têm, em seus departamentos de pesquisa e desenvolvimento, equipes voltadas para inclusão digital? Se apenas uma parcela da verba destinada à pesquisa e ao desenvolvimento de equipamentos portáteis e wireless tivesse sido destinada a estudar e propor soluções para esse novo mercado, é bem provável que já tivéssemos à disposição dos governos e da benemerência mundial equipamentos mais adequados aos objetivos da inclusão digital, de longe muito maiores do que a indústria conseguiu enxergar até hoje.

Em vez de tentar vender os mesmos produtos pensados e criados para o mundo rico (ou para os ricos do mundo), as empresas que apresentassem aos países em desenvolvimento soluções adequadas, baratas e eficazes para inclusão digital teriam um mercado de dois bilhões de usuários ou mais. Isso já é razão suficiente para colocar todo o departamento de pesquisa e desenvolvimento pensando no assunto. E, nesse sentido, rever a aposta de como a inclusão digital pode oferecer novas taxas de crescimento para a indústria de tecnologia mundial.

Esse enfoque da indústria de tecnologia da informação teve um revés importante, principalmente para as empresas produtoras de software, na emergência do Linux. Trata-se de um sistema operacional escalonável e de fácil adaptabilidade às restrições de hardware. O Linux pode ser configurado para aproveitar melhor os recursos da máquina. Não cabe, nesse momento, explicar esses recursos e as possibilidades que podem ser implementadas.

Muitos exemplos de melhor utilização de memória ou de opções de gerenciadores de janelas gráficas que utilizam pouco processamento para o funcionamento são tema de matérias em jornais, revistas e publicações do setor. É interessante notar que as comunidades de software livre estão espalhadas por todo o mundo e se organizam basicamente pela internet. O software livre traz à tona o questionamento dessa classe de programadores de software, que busca nas soluções livres respostas às imposições da indústria de tecnologias da informação.

Cabe dizer que a utilização de software livre impõe uma sobrevida ao hardware, possibilitando que computadores com mais de dez anos de uso possam retornar ao mercado por meio de projetos de inclusão digital. Não é por acaso que existe uma tendência para a utilização de software livre nesses projetos.

A abordagem das ONGs: sustentabilidade

Para uma organização não governamental, a captação de recursos é sempre um ponto crítico, que piora com o crescimento: quanto mais cresce, maior será o custo e maior deverá ser a captação.

As ONGs trabalham sob o domínio do possível. Ideias ou atividades, independentemente de sua eficácia, são descartadas pela impossibilidade de serem financiadas em curto ou médio prazo. Nesse contexto, as tais escolas de informática "autossustentáveis" em comunidades de baixa renda se tornaram uma ótima solução. Assim, ONGs com dificuldades de financiar o próprio crescimento transferem o custo de manutenção para as comunidades.

Contudo, ficam as perguntas: é uma boa ideia deixar que as comunidades paguem para aprender a usar computadores?

Ou será incapacidade das ONGs não oferecer ensino gratuito? Ter isso claro é fundamental. Uma coisa é o que eu faço, dadas minhas condições e limitações, outra é o que acredito que deva ser feito, caso tais condições ou limitações fossem outras. Deixar clara a diferença entre "é isso o que consigo fazer" e "é isso que todos deveriam fazer" é uma tarefa nem sempre tratada com transparência pelos administradores dessas ONGs.

Para colocar mais uma variável nessa equação, muitas escolas de informática abertas por ONGs funcionam como fonte de renda alternativa para as organizações comunitárias. A cobrança de mensalidades "simbólicas" de seus alunos ajuda a manter o magro orçamento a que estão sujeitas. O problema é que frequentar um curso de informática não é necessariamente a melhor maneira de aprender a usar um computador, mas é, provavelmente, a maneira mais fácil de conseguir recursos.

Embora com menores chances de produzir receita, outras formas de absorção da tecnologia têm se mostrado mais eficazes. Entre os usuários de maior renda, quase não existe quem tenha no currículo um curso formal de informática. O acesso à máquina, aliado a uma razão para utilizá-la (o uso relevante), seja para o trabalho, escola ou lazer, é suficiente e eficaz para o aprendizado. Algumas estatísticas mostram que de 30% a 40% dos alunos dos cursos de informática em comunidades de baixa renda já frequentaram um curso anteriormente, e que, depois de quatro ou cinco meses sem utilizar a máquina, eles simplesmente se esquecem do que aprenderam.

O trabalho das ONGs tem muitas qualidades, entre as quais: a abertura de uma escola de informática funciona como fator mobilizador para a comunidade, aumenta a autoestima do coletivo, é uma alternativa para crianças e adolescentes fora do período escolar, engorda o currículo dos trabalhadores e, embora com baixíssima eficácia, melhora sua empregabilidade. No entanto, há um esforço de se dar um passo à frente no sentido de que o uso relevante é um atalho para a circulação da informação nas comunidades e para a produção de conhecimento.

A abordagem acadêmica: as redes de conhecimento

Talvez esse seja o equívoco mais crasso da academia diante dos projetos de inclusão digital, pois éramos nós que deveríamos aprender com os participantes dos projetos a trabalhar em rede e, caso fôssemos bons alunos, poderíamos tentar replicar esse aprendizado em algo como uma dinâmica virtual, suportada pelas tecnologias de informação e comunicação. Sim, tentar, porque, na verdade, até hoje, ninguém conseguiu. A rede fracassa antes da rede virtual. Os projetos de formação de redes virtuais para a população excluída são obrigados a oferecer mais energia ao sistema do que ele produz. E isso é a antítese do que estamos falando.

É a arquitetura de rede, não virtual e tão bem conhecida pelas lideranças comunitárias, que possibilita que eles consigam sobreviver com parcos recursos e ainda mobilizar moradores para mutirões, pressionar administradores públicos e ser peças importantes no jogo político e eleitoral. As organizações comunitárias de baixa renda vivem da rede.

A aposta do setor acadêmico na formação de redes de construção do conhecimento é fortemente influenciada pelo próprio modelo do que é e para que serve uma rede. Toda rede pressupõe determinado nível de troca de informações e, de alguma forma, contribui para a construção do conhecimento coletivo e individual. E é nesse ponto que o mundo acadêmico se confunde. A razão de existir das universidades é o conhecimento. E redes, invariavelmente, catalisam o conhecimento. Mas as comunidades têm outra razão de viver. O caminho do conhecimento pode ser até o melhor caminho, mas não é o objetivo. Em muitas situações, mobilização é a meta principal. Nesse caso, (e)levar a rede sempre à esfera do conhecimento mais atrapalha do que ajuda. Se, para a academia, rede significa compartilhar informações e produzir conhecimento, para as comunidades e trabalhadores, significa mobilizar, ganhar força, crescer. De um lado, temos congressos, estudos colaborativos, trabalhos publicados e a parte se fortalecendo perante o todo. De outro, temos assembleias, mutirões, passeatas e o todo se fortalecendo pelas partes.

A abordagem do poder público: educação, serviços e democracia

As primeiras iniciativas do poder público de levar computadores para a população de baixa renda ocorreram nas escolas. Uma compra faraônica distribuiu laboratórios de computação para milhares de escolas públicas. Muitos nem saíram da caixa. Laboratórios trancados à chave, escolas roubadas e professores atônitos foram a constante.

Já a opção do poder público pelos centros de acesso à internet está intimamente ligada à necessidade de desonerar o Estado, a exemplo do que se tem feito no setor privado por meio da prestação de serviços à população por meio eletrônico. Usando tecnologia, e em especial disponibilizando serviços bancários pela internet, o sistema financeiro reduziu suas agências em número e tamanho, diminuiu custos, aumentou seus lucros e o nível de satisfação de seus clientes. Se você fosse um administrador público, também sonharia com isso. Experiências de sucesso como a da Receita Federal e do Poupatempo provam que oferecer serviços com alto nível de tecnologia embarcada é bom negócio também na esfera pública.

Como não poderia deixar de ser, o desenho dos centros públicos de acesso à internet também é influenciado pela natureza de executor. Instalações com dezenas de computadores, a presença de monitores, o tipo de atuação que exercem e a forma de sua contratação, a opção pelo software livre em alguns casos ou por sistemas proprietários em outros, bem como o tipo de parceria com a comunidade e com o terceiro setor para sua implantação e administração, são reflexos do entrelaçamento de políticas públicas, compromissos partidários e restrições legais.

O modelo de centro público de acesso à internet, tal como conhecemos, é resultado da soma das condições citadas. Apesar da obviedade do fato, basta se libertar de uma dessas condições para que um novo modelo apareça. Vale lembrar de um conceito muitas vezes esquecido: a indústria de tecnologia da informação segue e trabalha para o conceito de "um homem, um computador", e as políticas públicas não. A aplicação desse conceito como política de desenvolvimento e inclusão digital significaria a necessidade de pesados investimentos na compra de equipamentos, o aumento da capacidade de financiamento do país e de endividamento dos consumidores, déficit comercial e cambial, o aumento da capacidade de nossa matriz energética e imensos lucros para a indústria de tecnologia da informação. Nossas políticas públicas trabalham com o conceito de um computador para muitos, daí a opção pelos centros públicos de acesso à internet. Menos confortável para quem usa, mais próximo de nossa realidade, mais inteligente para o país.

Os centros de acesso à internet já são imprescindíveis. Não veremos um retorno de uma política como essa. Servir melhor e mais barato é bom para todos. Nenhum governo com razoável seriedade continuaria a investir em serviços eletrônicos sabendo que a maior parte da população nunca os utilizará. E não investir simplesmente não é uma opção. Democracia eletrônica direta, orçamento participativo digital, urnas eletrônicas, consultas públicas, enfim, o rol de possibilidades de uso da internet para a participação do cidadão nas decisões e processos do Estado não tem fim.

A abordagem colaborativa: os projetos independentes

Apoiada em projetos colaborativos e, mais especificamente, na ascensão meteórica do projeto Linux, a cultura hacker é uma abordagem importante e que deve ser analisada com muito cuidado, pois tem influenciado fora dos limites dos desenvolvedores de software. Aliás, software livre é a ponta do *iceberg* de um movimento para o conhecimento livre. Assim, a diversidade de vozes na internet, as multidões ou pessoas trabalhando em rede têm um ritmo de produção e organização que as empresas tradicionais, grande parte da academia, o Estado e o terceiro setor também não conseguem compreender.

Essas práticas se relacionam ao conceito de inteligência coletiva num ecossistema de ideias livres baseado na generosidade e no modo de produção impulsionado pelo *copyleft*. A academia, as empresas, o Estado e o terceiro setor entram nessa equação como coadjuvantes, não como protagonistas nem como detentores do conhecimento e da inovação: são participantes nesse ambiente hiperlinkado. A hierarquia é desbancada pela reputação.

No Brasil, os projetos independentes se caracterizam por privilegiar a internet das pontas, atuam de forma muito diferente do padrão UOL de qualidade, assumem uma posição inversa, na qual a periferia é o centro. A colaboração pode ser entendida como um modo de produção. Diferentemente das ideias tradicionais, a colaboração tem vida própria, nasce num ambiente caótico, como a internet, e emerge num movimento de baixo para cima, alcançando um nível razoável de organização.

Projeto Metá:Fora

O nome Metá:Fora aponta para um movimento e para a representação de um ambiente que está sendo construído byte a byte. A internet é metáfora, mas não no sentido comum, da comparação, da figura de linguagem. A metáfora não é apenas uma figura de linguagem. A metáfora: “meta” é transporte, habita o “entre”. Então, a metáfora representa o sensório e o subjetivo juntos. O corpo (as pessoas), por meio da operação sensório-motora (movimento), cria relações, conceitos abstratos. Mexer o corpo, sentir com neurônios, criar sinapses e outras sensações e sentimentos formata o que chamamos de razão e abstrações.

O Projeto Metá:Fora emerge como uma resposta independente aos projetos de tecnologia social, que abrange, sobremaneira, os projetos de inclusão digital. O aspecto independente conferiu a liberdade de testar a ideia de emergência, seja na construção de grupos colaborativos, seja no entendimento da expressão "a periferia é o centro".

O Projeto Metá:Fora contou com a colaboração de centenas de pessoas. Ao fazer a primeira apresentação num convite à participação de uma lista de discussão, em 2002, Felipe Fonseca dizia que a maior dificuldade para começar um projeto de pesquisa, na época, era a definição do nome.[36] Perguntava ele: que nome dar a um projeto cujo objetivo consiste em entender e propor aplicações para uma realidade que passa do on-line/off-line para uma cultura permanentemente conectada? Seria possível definir uma cultura em que a escolha do nome de um projeto era mais difícil que estabelecer um fórum de comunicação entre os seus membros? Os assuntos que guiavam os projetos eram virtualização da presença, k-logs, m-logs, RSS, telecentros comunitários, inteligência coletiva e o novo nomadismo.

Essas eram as nossas preocupações. Na verdade, Felipe e eu estivemos conversando por ICQ, o software de mensagens instantâneas dos velhos tempos, a respeito de algumas ideias que estávamos gestando com esforços separados (eu

---

36 Felipe Fonseca, *Tecnologia social* (São Paulo, 2004), disponível em http://portal.softwarelivre.org/news/2010.

no *Marketing Hacker* e na *NovaE*, ele no blog Hipercortex). Considerando que outras vozes começavam a se engajar num debate mais profundo sobre a apropriação tecnológica, colaboração e, em regra, o ideal de transformação social, chegamos à conclusão de que seria mais interessante se o debate fosse aberto para outras comunidades. Naquele momento, presenciávamos uma nova experiência de publicação colaborativa na revista eletrônica *NovaE*. No entanto, a proposta inicial do projeto Metá:Fora era ativar as inteligências coletivas por meio da colaboração distribuída e basicamente utilizando a internet como interface de diálogo.

O Metá:Fora emergiu num plano rizomático. Essa emergência significa que foi construído sem uma hierarquia definida. Um movimento em que aquele que faz decide os rumos do seu projeto. A reputação e a meritocracia são a resposta da rede para dar conta das esquizofrenias, das multiplicidades. Somos muitos, uma multidão hiperconectada que nos aproxima dos mais próximos e dos mais distantes. Não somos mais nós mesmos. Cada um reconhecerá os seus. Fomos ajudados, aspirados, multiplicados.

A filosofia hacker, principalmente naquilo que se refere ao conhecimento livre e à reputação, foi definitiva para moldar essa construção. A não existência de uma hierarquia definida faz com que todos os participantes possam contribuir em igual condição. As palavras foram mescladas num wiki, ou seja, num espaço informacional em que juntávamos todas as elucubrações que surgiam desse embate colaborativo.

Muitas pessoas participaram do projeto e deixaram seus nomes escritos. Felipe Fonseca, Daniel Pádua, Felipe Albertão, Hernani Dimantas, Paulo Bicarato, Marcelo Estraviz, Paulo Colacino, Tupi, entre outros, trouxeram contribuições fantásticas para remixar os trabalhos de cada um para um objetivo maior e colaborativo. Creio, no entanto, que o rizoma emergiu da metodologia e dos conceitos praticados, e não de alguma prerrogativa original do Metá:Fora.

A importância do Metá:Fora está no agenciamento da cultura hacker, que normalmente ocupa um espaço informacional em que as referências à programação de computadores é o assunto dominante para o âmbito do conhecimento. E falar em conhecimento no ambiente rizomático remete a conceitos como propriedade, liberdade e multiplicidade. Esses conceitos só podem ser colocados em prática quando se assume uma autoria comum. Nesse sentido, o Metá:Fora estava alerta para colocar em prática seus conceitos de emergência das vozes e o seu impacto na microfísica do poder.

Artesão da tecnologia

O estilo de Linus Torvalds de desenvolvimento – "libere cedo e frequentemente, delegue tudo o que puder, esteja aberto ao ponto da promiscuidade" – despontou como uma surpresa. Enquanto isso, Stallman desenvolveu uma ideologia que operava na interface "controle e liberdade", na qual a liberdade se referia ao direito do cidadão de ter acesso ao código-fonte (mesmo estando essa liberdade cercada pelos muros das universidades e pela incapacidade de compartilhamento em escala). Talvez sem saber muito bem o que estava fazendo, Linus postou os primeiros códigos numa lista na internet.

> [...] num grande e barulhento bazar de diferentes agendas e aproximações (adequadamente simbolizada pelos repositórios do Linux, que aceitaria submissões de qualquer pessoa), de onde um sistema coerente e estável poderia aparentemente emergir apenas por uma sucessão de milagres. O fato de esse estilo "bazar" ter funcionado, e de funcionar bem, veio como um grande choque. Conforme eu aprendia ao meu redor, trabalhei duramente não apenas em projetos individuais, mas também tentando compreender por que o mundo do Linux não somente não se dividiu em confusão, mas parecia aumentar sua força numa velocidade quase inacreditável para os construtores de catedrais.[37]

É preciso aplaudir a eficiência desse modelo de trabalho. Digo trabalho, pois tal como o compartilhamento de Linus, o Metá:Fora não pretendia utilizar o espaço informacional para um debate sem fim, sem meios e sem objetivos. Ao contrário, desde o início, estavam embutidas as ideologias do compartilhamento e também da transformação social.

Não obstante, estendendo a lógica rizomática, o Projeto Metá:Fora foi gerado num ambiente que pode ser traduzido por um coletivo de individualidades. Mas em que sentido o coletivo de individualidades se relaciona com o trabalho em si? O retorno da arte, do deleite do amadorismo ressurgindo da poeira da era industrial em que o profissionalismo narcisista fez do mundo um antro da decadência humana. As pessoas conversam com liberdade, com transparência e, principalmente, com autenticidade: uma viagem pelo ego humano buscando no fundo do coração uma nova equação de balanceamento entre a an-

---

37 Eric S. Raymond, *The Cathedral & the Bazaar: Musings on Linux and Open Source by an Accidental Revolutionary*, cit,. p. 3, disponível em http://www.bestlinux.com.br/index.php/dicas/236/1109?format=pdf.

gústia e o amor. Ao mesmo tempo, o indivíduo retoma sua individualidade num ambiente coletivo, no qual a reputação passa ser o principal ponto de reverberação da própria opinião. E a credibilidade é função exclusiva da autenticidade individual.

Nesse contexto, o projeto Metá:Fora não pode ser entendido como um grupo, ou melhor, um aglomerado de "nós", pois a própria ideia de esquizofrenia digital apontava para a multiplicidade. Assim, entendemos o rizoma como uma rede formada de "nós" e links que, por um lado, privilegia a relação dos links e, por outro, desvela a rede e sua topologia. Um rizoma não apresenta uma especialização intrínseca ao sistema, cada elemento troca de função de acordo com as necessidades do momento. Uma hierarquia móvel: quem faz decide. Conectados estamos em contato com todos os demais metafóricos. Uma comunicação assíncrona. Cada elemento do rizoma é capaz de fazer ressurgir outro rizoma, pois cada elemento guarda em si todas as características deste. Não é possível encontrar um ponto vital que seja possível atacar, matando todo o rizoma: um rizoma pode prescindir de quaisquer de seus componentes sem se tornar inoperante.[38] O Metá:fora opera na lógica do rizoma.

Contudo, o rizoma não pode ser confundido com unidade. O rizoma garante a produção de subjetividades. No Metá:Fora, essa produção trazia o agenciamento em sua multiplicidade, trabalhando, ao mesmo tempo, com fluxos semióticos, fluxos materiais e fluxos sociais.

As pessoas se multiplicam nas relações, sem formatos óbvios. As redes são descentralizadas, ora distribuídas, algumas

---

38 Luther Francone, *La raiz e el rizoma: la alteridad se defiende por si mesma*, disponível em http://www.lutherblissett.net/archive/455_sp.html.

vezes hierárquicas, outras vezes apontam para aglomerados, *power laws* e ubiquidade. As redes não podem ser "conteinerizadas" numa coisa ou outra. Encontrar padrões estabelecidos é o mesmo que tirar uma foto: ela fica no passado. Por isso, usamos o exemplo do rizoma que não começa nem conclui, mas se encontra sempre no meio.[39] Esse rizoma se regenera continuamente por suas interações e transformações. Assim, a revolução se faz permanente.

O Metá:Fora existe como um grupo distribuído. Não pode ser considerado um grupo organizado nos moldes do que se convencionou chamar de "grupo", mas também não é um coletivo. Do ponto de vista filosófico, o conceito que mais se aproxima dessa ideia de grupo ou coletivo é o de multidão. A multidão como conceito de uma potência. Essa potência não quer simplesmente se expandir, ela quer, sobretudo, conquistar um corpo: a carne da multidão quer se transformar no corpo da inteligência coletiva. Nesse sentido, o projeto Metá:Fora se identifica como uma classe produtiva do século XXI, operando como um ator de política pública independente.

No livro *Multidão*, Michael Hardt e Toni Negri fazem referência a essa potência como uma definição que se apoia sobre novas formas de trabalho.[40] Trata-se da existência "de um trabalho produtivo feito por gente que está vinculada por redes de singularidades", caracterizadas por sua capacidade específica de produção, "que se revela 'valorizante' quando é produzida por

39 Gilles Deleuze & Félix Guattari, *Mil platôs: capitalismo e esquizofrenia*, trad. Ana Lúcia de Oliveira, Aurélio Guerra Neto & Célia Pinto Costa, vol. 1 da Coleção Trans (São Paulo: Editora 34, 1995).

40 Michael Hardt & Antonio Negri, *Multidão: guerra e democracia na era do império* (Rio de Janeiro: Record, 2005).

cérebros, pela cooperação e pelos aparatos linguísticos".[41] Esse trabalho é, antes de tudo, imaterial: é um trabalho intelectual. No caso do Metá:Fora e das comunidades de software livre, a multidão surge como emergência de um modo de produção colaborativo, mostrando-se imbricada no trabalho imaterial.

O Metá:Fora torna transparente esse amplo movimento de transformação social formado por retículas capilares. Uma multidão com características rizomáticas, desterritorializada e que se apropria da tecnologia como ferramenta revolucionária. Como multidão hacker, o Metá:Fora dialoga e se engaja nos diversos movimentos contraculturais. É na contracultura que muitas das ideias do Metá:Fora teve inspiração. Mas, diferentemente de outros projetos da contracultura e da mídia tática, o Metá:Fora abriu espaços dialógicos com os projetos de inclusão digital patrocinados por iniciativas do governo e das ONGs.

A exclusão é provavelmente um dos maiores problemas que a humanidade encara neste início de século. E a exclusão digital é basicamente causada pelo pior e mais cruel problema desde a criação da sociedade moderna: a pobreza. Como multidão que tem na apropriação da tecnologia sua expressão, temos a potência de influenciar mudanças nesse cenário, temos o conhecimento para implementar novas ideias no sentido de diminuir esse gap informacional.

Portanto, fazer com que a tecnologia da informação ajude a melhorar a sociedade não é um "favor" ou "algo de bom": fornecer essa tecnologia para organizações comprometidas com o progresso da sociedade é nossa responsabilidade e nosso comprometimento para um mundo melhor.

---

41 *Ibid.*, p. 266.

Uma experiência *open source*

Em pouco mais de um ano, o Metá:Fora passou de uma lista de debates para um grupo de intervenção, desenvolvendo uma infraestrutura incubadora de projetos colaborativos ou, mais especificamente, uma chocadeira *open source* de códigos abertos. Conceitualmente, está baseado no conhecimento livre, que significa liberdade para modificar, editar, adicionar ou subtrair, visando sempre aprimorar o conteúdo final. As conversações propiciadas pelas listas de debate, pelos fóruns e e-mails promoveram a cultura do compartilhamento e beneficiaram a mentalidade do conhecimento aberto e livre.

O projeto objetivava entender e desenvolver conhecimentos adequados a uma nova relação com a cultura interconectada. A partir de comunidades locais, fomentava a inclusão digital e o uso efetivo de ferramentas de publicação pessoal em construção coletiva de conhecimento ou visava a maneira de utilizar a tecnologia para incrementar a conversação na rede. Cabe dizer que esse modelo de conversação proposto poderia ser replicado nas diversas áreas do conhecimento, poderia ser utilizado para debates sobre usos de novas tecnologias, bem como para a facilitação de outras formas de debates ou ações, como, por exemplo, engenheiros colaborando para uma obra na África ou médicos debatendo on-line sobre a utilização de uma técnica de tratamento para um caso qualquer.

Nesse caso, como já foi dito, "inclusão digital" é uma expressão inadequada. A ideia de transformação social é um conceito mais amplo e mais exato para identificar o impacto das tecnologias no cotidiano e, além disso, implica uma ótica do corpo humano para apropriação e utilização das tecnologias.

Assim, o Metá:Fora corporificou os conceitos da apropriação das tecnologias e, na prática, as utilizou como forma tática de diminuição das distâncias entre seres humanos. Dessa forma, a transformação social por meio da apropriação tecnológica passou pelo questionamento daquilo que se chamava de "inclusão digital", pelo ativismo midiático, bem como pela mistura cultural impulsionada e mediada pela cibercultura.

Em determinado momento, percebemos, então, que o Metá:Fora era uma forma de troca de conhecimento: pessoas conversavam com outras imbuídas do mesmo interesse pela interatividade. Esse diálogo caótico e emergente possibilitou experimentar a transversalidade do aprendizado. Percebemos que, na rede, as pessoas aprendem, de fato, por meio da utilização das ferramentas colaborativas pelas próprias pessoas. Paulo Bicarato, jornalista e editor do site Alfarrábio, numa discussão na lista do Metá:Fora, fazendo a distinção entre "aprender" e "apreender", afirmou que é preciso aprender a apreender: "Não existe fórmula pronta. É deixar-se entrar no fluxo, intuitivamente, e sentir-se integrante/participante dessa mágica maior que não tem nome. Aí a consciência emerge: nós somos conhecimento [...]".[42]

Outro conceito essencial para compreender o Metá:Fora foi o de inteligência coletiva. Já na apresentação do projeto Metá:fora, dizíamos que "Metá:Fora é uma inteligência coletiva para gerar inteligências coletivas". Um projeto aberto de pesquisa e desenvolvimento em diversas áreas do conhecimento, baseado em algumas premissas do modo de produção *open source*. Além disso, mencionávamos que o plano de atuação

---

42 Alfarrábio, disponível em http://www.alfarrabio.org/index.php?itemid=327.

do projeto passava pela realização de "ações multiplicadoras ou esporos de inteligência coletiva, envolvendo o uso de redes de informação".

Segundo Felipe Fonseca, a maior parte das iniciativas desse projeto "não foi exatamente ativista" no sentido da definição tradicional de mídia tática, uma vez que "visavam oferecer métodos para transformar as ferramentas midiáticas de forma a interferir socialmente".[43] Essa posição tem de ser encarada sob a perspectiva brasileira, em que colaboração é uma forma importante de sobrevivência. Isso nos levou a estabelecer um elo entre a cultura hacker e os diversos traços da cultura brasileira, fruto de mestiçagens, hibridizações, miscenização e nomadismos vários.

No ensaio *Brasil is a Hacker Culture*, apresentado na edição de 2003 do Festival Next Five Minutes, na Holanda, Fonseca afirma que a população brasileira não necessita de mídias alternativas, como jornais locais, rádios comunitárias e vídeos amadores, mas de uma mídia tática em termos da utilização da comunicação para integrar as pessoas a fim de que compartilhem a informação que realmente importa. Não se trata, então, de trazer mais pessoas para a era da informação, mas de transformar a tecnologia para, de algum modo, melhorar a qualidade de vida das pessoas.

O objetivo explícito é beneficiar milhões de pessoas hoje ausentes do debate sociopolítico-científico-cultural. Não podemos criar simulacros dos veículos de comunicação de massa. Claro que eles são úteis, mas com o objetivo único de desmas-

43 Felipe Fonseca, *Uma experiência* open source, cit., disponível em http://mutirao.metareciclagem.org/livro/Uma-experi%C3%AAncia-open-source.

carar a credibilidade das megacorporações de comunicação. Mas isso é combater o passado e o presente. Se vamos pensar no futuro, creio que devemos infundir desde o início as possibilidades que surgem com as novas tecnologias: a colaboração, o relacionamento de pessoas com pessoas (e não de mensagens para pessoas), a construção da zona de colaboração, das metáforas, das inteligências coletivas.

Mas tudo isso é o pano de fundo dessa revolução digital. Percebemos que havia um pessoal interessante falando coisas semelhantes, mas um de cada lado. Nosso trabalho foi juntar esse pessoal e deixar fluir para ver o que aconteceria. Em poucas semanas, milhares de mensagens foram trocadas. Informação repercutindo conhecimento. Comunicação direta, conversação *open source* irradiando para a inteligência coletiva. A realização dos projetos para qualquer um que realmente tenha boa vontade e espírito colaborativo. Esse Metá:Fora tende a ser um projeto maior, entre pessoas, em qualquer lugar, numa viagem não linear no tempo e no espaço.

Chocadeira colaborativa

O objetivo do projeto Metá:Fora era entender e desenvolver conhecimentos adequados a uma nova relação com a cultura interconectada a partir de comunidades locais, visando fomentar a inclusão digital e o uso efetivo de ferramentas de publicação pessoal e construção coletiva de conhecimento.

Metá:Fora é uma inteligência coletiva, algo embrionário, um momento de ebulição ideológica, mas direcionado a ferramentar o cotidiano essencialmente on-line, o que nos obrigou a unificar a comunicação com o desenvolvimento da tecnologia. Assim, o Metá:Fora não foi nem é propriamente um projeto; tornou-se o que chamamos de chocadeira colaborativa, numa alusão à ideia de incubadora de empresas. O Metá:Fora subdividia-se em projetos individuais apoiados pelo grupo, projetos coletivos e abertos e projetos apoiados pelo grupo.

Os projetos foram desenvolvidos por meio de uma interface completamente colaborativa. Uma ferramenta de wiki que permitia a qualquer participante a interação com a comunidade, inclusive com a possibilidade de adicionar conteúdo e projetos. Outros projetos foram gerados, então, até pouco antes da suspensão das atividades do Metá:Fora, em outubro de 2003. Nessa época, as iniciativas que se encontravam num nível mais avançado de desenvolvimento eram as seguintes:

- Blogchalking – um projeto pessoal de Daniel Pádua, que utilizou "metatags" com informações geográficas e demográficas dos blogs. Um esforço comunitário para programar coletivamente os sites de busca e possibilitar pesquisas nos blogs por região, idade, sexo ou pela quantidade de horas que ficamos olhando para o monitor colorido. Embora a ideia, a implementação e todos os méritos sejam de Pádua, o Blogchalking nasceu dos debates no Metá:Fora. O Blog-chalking[44] pisou no acelerador e alcançou a comunidade interneteira no Brasil e no exterior, sendo notícia em jornais, revistas e blogs pelo mundo afora;
- MetaReciclagem – reciclagem de equipamentos obsoletos com software livre entregues a entidades de ação social,

44 Blogchalking, disponível em www.blogchalking.tk.

visando à utilização do computador como dispositivo em rede, com o objetivo primordial de integrar comunidades. Encontrava-se dividido em duas ações concretas: uma em parceria com a ONG Agente Cidadão e outra em parceria com a Prefeitura de Santo André (Parque Digital).[45] Esse projeto subsistiu ao fim do Metá:Fora, ganhando autonomia;

- MetaDev – núcleo de desenvolvimento tecnológico do Metá:Fora, envolvendo programadores e hackers responsáveis pelo componente tecnológico do projeto global;
- MemeLab – Metá:Fora Media Lab. Realização de intervenções artísticas ou experimentação midiática, visava estimular a experimentação, gerar e participar de atividades artísticas colaborativas e provocar intervenções no espaço onde se está atuando, partindo do prisma da interação sujeito-máquina, sujeito-conhecimento, sujeito-ambiente, sujeito-sujeito,[46] sempre procurando explorar diferentes maneiras de contar uma história, ficcional ou real, individual ou colaborativa;
- MetaMeme – estrutura de comunicação que organiza e distribui informação sobre todos os projetos do Metá:Fora, envolvia a concepção e o desenvolvimento de comunicados de imprensa, material didático, *banners*, sites, folhetos e material de divulgação em geral;
- Recicle1Político – o Metá:Fora também contava com projetos de cunho mais ativista, como o Recicle1Político, iniciativa que consistia no recolhimento de cartazes, material de propaganda e outros "lixos" deixados nas ruas das cida-

---

45 Agente Cidadão, disponível em http://www.agentecidadao.com.br.

46 Metá:Fora Media Lab, disponível em http://www.memelab.org.

des nas vésperas das eleições presidenciais brasileiras de novembro de 2002 para serem reciclados, reaproveitados e transformados em arte urbana, *land art* e instalações de arquitetura nômade como circo, acampamento para os sem--terra, cabanas para os sem-abrigo, toldos para bailes *funk* e concertos de *hip-hop*, moinhos de vento, entre outros. Apesar do fim do Metá:Fora, esse projeto foi retomado em agosto de 2004 pelo movimento Mídia Tática Brasil;

- MetaOng – projeto que ganhou autonomia do Metá:Fora, era uma comunidade de informações para o setor das organizações sem fins lucrativos, na qual qualquer utilizador poderia propor notícias moderadas pelos outros utilizadores: as notícias formavam uma fila, e os utilizadores votavam para decidir quais artigos seriam incluídos na home page.

A tríade da informação livre

Os projetos desenvolvidos colaborativamente pelo Metá:Fora abrangem desde soluções para acesso à internet até alternativas para estimular o espírito empreendedor das comunidades atendidas. Essas iniciativas estão baseadas numa organização conceitual denominada tríade da informação, construção que tem muito a ver com a filosofia de Pierre Lévy,[47] remixada por Daniel Pádua.[48] Essa tríade é composta pelo meio físico, pelo meio lógico e pela interatividade, que comporta:

47 Pierre Lévy, *A conexão planetária: o mercado, o ciberespaço, a consciência* (São Paulo: Editora 34, 2001).

48 Daniel Pádua, disponível em http://www.dpadua.org.

- Infraestrutura física – estações, servidores, dispositivos conectados à rede, integração de redes, estruturas alternativas de interconexão;
- Infraestrutura lógica – sistemas de publicação coletiva, adaptação a padrões de intercâmbio de informação;
- Interação e integração de capital humano – as trocas de informação envolvendo educação, arte e mobilização social.

Um dos articuladores do projeto, Miguel Caetano acredita que esse modelo se baseia em parte no conceito dos três níveis dos sistemas de comunicação introduzido por Benkler[49] e retomado por Lessig:[50] um nível físico, situado embaixo, um nível intermediário lógico ou relativo ao código e um nível superior, relativo ao conteúdo. A única diferença situa-se nessa última camada: enquanto Benkler e Lessig utilizam o termo "conteúdo", os elementos do Metá:Fora preferem recorrer ao conceito de "interação", adotando assim um ponto de vista mais dinâmico.

O MetaReciclagem

O MetaReciclagem foi concebido num modelo colaborativo sob o conceito do projeto Metá:Fora. Seu conceito tem como foco o desenvolvimento de tecnologia voltada para a potencialização de redes sociais, criando alternativas para interconectar e integrar comunidades geograficamente dispersas.

---

49 Yochai Benkler, *The Wealth of the Networks: How Social Production Transforms Markets and freedom* (New Haven: Yale University Press, 2006).

50 Lawrence Lessig, *The Future of Ideas: the Fate of the Commons in a Connected World* (Nova York: Vintage, 2001).

A informação é dinâmica. Tudo acontece seguindo alguns traços. Como uma pintura que ganha força nas nuances e nos tons das tintas sobrepostas. Uma construção em que a base fica estampada no acabamento.

Assim, a dinâmica da tríade da informação livre é uma decisão que deve ser tomada desde a base até a interatividade. O hardware, a infraestrutura física para acesso à rede, depende de decisões importantes no processo. Como o bater de asas de uma borboleta, a escolha será definitiva para a arquitetura da rede. No MetaReciclagem, optamos pelo hardware de "doação" – Pentium 100 com 32 megabytes de memória RAM. Ou seja, o hardware-padrão, objeto de doação, que nas empresas não tem mais utilidade.

Essa opção é função inequívoca, pois a escolha do hardware define as novas escolhas que faremos no desenvolvimento do projeto e desdobramentos subsequentes. O MetaReciclagem trabalha com o primeiro estrato da tríade da informação, a infraestrutura física. Trata-se de um projeto que tem por objetivo coletar, triar e reciclar microcomputadores usados, tornando-os minimamente utilizáveis para a realização de operações básicas em projetos sociais: edição de textos, planilha de cálculo, acesso à web e troca de mensagens. Eventualmente, são utilizados microcomputadores com perfil mais avançado para projetos que envolvam a produção, pelos usuários, de conteúdo multimídia. Dois aspectos são fundamentais no MetaReciclagem:

- a utilização de software livre, por motivos econômicos, escalonabilidade do software em relação ao equipamento e à redução da dependência de fabricantes de software;

- a inversão do paradigma do "acesso" à tecnologia. Os equipamentos encaminhados pelo projeto não são simples terminais de acesso, mas estações de produção colaborativa.

Utilizamos também uma gama de outros softwares livres orientados para a continuidade dos projetos. Todos esses softwares trazem na bagagem o senso colaborativo, pois o software influencia a interação nas comunidades. Não só pela sustentação de um modo de produção colaborativo, mas pelo "espelho virtual" que o software livre reflete na mente das pessoas, lembrando que o software livre é apenas a ponta do *iceberg* do conhecimento livre.

Isso não tem nada a ver com as máquinas. Máquinas apenas dão suporte para a colaboração e a interatividade. Computadores são ferramentas que potencializam a conversação entre pessoas comuns. A dinâmica da informação não é uma equação balanceada. Hardware e software só podem ser entendidos em importância se servirem à integração da humanidade, por uma nova realidade, pois pessoas querem estar com pessoas.

O contexto do MetaReciclagem

A população do Brasil está em torno de 200 milhões de pessoas. Como demonstra uma pesquisa de 2008 do Comitê Gestor da Internet no Brasil (CGI), ainda que haja um crescimento acelerado de usuários da internet (34% acessam a internet[51] de

---

51 Em 2008, 18% dos domicílios brasileiros possuíam computador com acesso à rede e 34% da população nacional se mostrava usuária efetiva da internet. Comitê Gestor da Internet, *Pesquisa TIC 2008*, disponível em http://www.cetic.br/publicacoes/index.htm.

casa, do trabalho, de lan houses e de postos de acesso gratuito), a maior parte da população brasileira esbarra no gargalo da exclusão, tendo em conta as condições econômicas e sociais. Ainda hoje, é possível observar que tanto políticos quanto dirigentes de órgãos públicos e privados consideram que promover o acesso de computadores à maioria da população só é importante para a formação profissional. Essa concepção constitui uma visão bastante limitada sobre o uso das novas tecnologias de comunicação, pois exclui a dimensão da cidadania. Não é à toa que vários programas de inclusão digital governamentais preveem hoje a implantação de salas com internet em todas as escolas públicas para que funcionem como laboratórios de informática para alunos, professores e funcionários.

Mas há ainda outros problemas a serem encarados quando falamos no direito de toda a população a ter direito à internet como um direito à cidadania. O MetaReciclagem tem uma proposta de política pública mais ampla que não significa simplesmente oferecer acesso ao uso dos computadores. Em primeiro lugar, o MetaReciclagem contraria a lógica da indústria da obsolescência, pois encontramos uma quantidade enorme de computadores usados e sucateados disponíveis no Brasil. Com a utilização de tecnologia compartilhada e livre, é possível aumentar a vida útil desses computadores. Em segundo, a reciclagem e a utilização de tecnologia livre, mais especificamente *low-tech*, possibilitam a diminuição dos espaços entre as comunidades ricas e pobres. A frase "a periferia é o centro" exemplifica esse fluxo. A periferia conhece muito mais sobre rede, mutirões, colaboração e mobilização. Creio que os esforços de inclusão devem ter como premissa o fato de que o conhecimento está na periferia, e a produção local deverá passar pela inserção da tecnologia nos movimentos da comunidade.

Para combater a miséria, a exclusão e o não exercício da cidadania, é necessário investir em soluções criativas de integração das periferias com a tecnologia. Dar acesso à rede também é importante. Porém, o mais consistente é criar condições para a circulação da informação.

Pensamos que a inclusão digital só será potencializada quando entendermos que as necessidades das pessoas não são as mesmas daqueles que concebem os projetos.

Em primeiro lugar, vamos contextualizar as fases desse processo de inclusão digital. Podemos dividir em duas: o acesso ao computador e depois o acesso à informação. Essas situações são bastante diferentes. A primeira fase pode ser resumida por uma pergunta: para que precisamos do computador? Empregabilidade pareceu ser uma resposta que atendia a todos os atores envolvidos. Ensinar computação ao povo necessariamente contribuiria para que os novatos rompessem com as fronteiras do trabalho. Essa ideia não se mostrou verdadeira e certamente não foi a melhor pedida.

Mas, com o acesso à internet (e, por consequência, o acesso à informação), começamos a perceber que pessoas estão conversando com outras pessoas pela rede. Essa conversação traz um novo incentivo cultural, catapultando as inteligências para novas instâncias. Assim, em vez de orientar para a empregabilidade, poderíamos disponibilizar ferramentas para a reverberação das vozes desses protagonistas. A retomada da voz é um atalho para a cidadania.

O MetaReciclagem foi relevante pelo pioneirismo na utilização do software livre como plataforma de acesso à rede. O software livre significa, além da economia na aquisição de software e consequentemente a otimização dos recursos, a imersão num modo de produção colaborativo. O software livre é a porta de entrada para um novo mundo, um exemplo de como a sociedade se arranja num ambiente em que o conhecimento é livre.

Partindo da ideia do conhecimento livre, pensamos, então, na terceira fase dos projetos de inclusão digital: a circulação da informação na comunidade conectada. Preto Bomba, músico do movimento *hip-hop* diz: "Acho que levar a educação à comunidade é cativar o consumidor de música, teatro, filme, novela. A vontade de se comunicar, de participar. Cansei de ver uma certa cena atuar e bater palma para si mesma, ignorando o povo e seus desejos, ignorando a maioria e suas necessidades". [52]

Não podemos ignorar o conhecimento da multidão. Preto Bomba representa um movimento cultural. Nascido na periferia, ele alçou voo em todas as direções. Existem muitos "Pretos Bombas" esperando a vez para manifestar (fazer explodir) sua criatividade. O conhecimento é parte integrante do ser humano, um traço cultural arraigado no sujeito e na sua comunidade. É necessário, no entanto, que esse conhecimento seja tropicalizado. A junção com as informações de fora da comunidade ativa o movimento cultural, e essa circulação tende a ser potencializada pela conversação entre as pessoas inter e intracomunidades, criando possibilidades infinitas de colaboração. Mas, para que isso aconteça, é necessário certo engajamento

52 Entrevista publicada em *Cinemando – Cinema, Humor e Acessórios*, disponível em http://www.cinemando.com.br/200301/entrevistas/xis_02.htm.

das pessoas aos projetos. Esse engajamento não pode ser imposto; é um movimento que só acontece quando a comunidade sente essa necessidade. Um movimento de baixo para cima, de dentro para fora das comunidades. Esse processo espelha sobremaneira os anseios e as necessidades das comunidades. E, quando essa equação se torna balanceada, as comunidades têm a oportunidade de potencializar o próprio conhecimento.

"Puxadinho colaborativo"

O conhecimento está impregnado nos mutirões. No efeito "puxadinho colaborativo", é só "chegar" para ajudar um ser humano a se sentir mais feliz. Uma mobilização que vai além da boa ação, sendo cotidiana e colaborativa.

As propostas atuais de inclusão digital sempre tocam num ponto muito similar: a criação de um telecentro, uma escola de informática ou uma sala de uso público à qual as pessoas da comunidade local se dirijam para ter acesso aos computadores e, nos locais em que os projetos estão mais evoluídos, acesso à informação pela internet.

A partir disso, surgem várias propostas e formas diferenciadas de validar esse acesso à informação, desde a criação de blogs, sites colaborativos, listas de discussão, salas de bate-papo, intertelecentros e tantas outras formas de conectar pessoas e promover o debate entre elas. Afinal, é a conversação e seu potencial catalisador de novas ações que efetivamente interessam nesse tipo de experiência.

As formas de conversação ainda são muito precárias. Embora as ferramentas de conversação estejam disponíveis na rede, os projetos de inclusão digital ainda não se deram conta do comportamento e das necessidades das pessoas na rede. Embora seja apenas uma questão de tempo para que grupos organizados possam se apropriar do espaço informacional.

As mais variadas experiências pedagógicas modernas sempre levantam um tema de importância fundamental às suas metodologias de ensino: a experimentação e o aprendizado pelo erro com base nas necessidades latentes daquele que participa do processo educacional no qual está inserido e o constrói. Dessa forma, ter acesso aos recursos tecnológicos inerentes ao aprendizado de uma nova ferramenta no local em que ela participa do cotidiano de determinada tarefa é, pedagogicamente, um avanço e uma forma efetiva de descentralizar o acesso e a experimentação desse novo processo técnico.

Portanto, por que não propor um projeto de inclusão digital que não se limite à criação de um telecentro público? Por que não propor um processo de inserção da tecnologia em centros comunitários, pequenos grupos organizados, cooperativas, centros de encontro, entre outras formas de organização social? Se a periferia da rede passa a ser o centro, por meio de um modelo em que os agentes produzem conhecimento e não apenas usufruem dos grandes servidores do núcleo da rede, a evolução do conceito de inclusão digital como modelo de transferência de tecnologia e autonomia passa a ser a concretização do conceito de que a periferia, não apenas da rede mas da sociedade, passa a ser o centro produtor das demandas de uma nova forma de convivência entre as pessoas.

LINKANIA 3

O MetaReciclagem

Em *World of Ends*, David Weinberger e Doc Searls dizem que, ao olharmos um poste na rua, vemos redes com fios.[53] Os fios podem fazer parte do sistema telefônico, elétrico ou de tevê a cabo. A rede da internet é outra coisa. Não se trata de um sistema que dependa de fiação e não é uma fonte de programação. Trata-se, antes, de um "modo" que permite a todas as coisas que se chamam redes coexistirem e trabalharem em conjunto. Segundo esses autores, o que faz a "net" ser "inter" é o fato de que ela é apenas um protocolo: o protocolo IP (Internet Protocol) ou um acordo sobre como fazer as coisas funcionarem em conjunto. O protocolo não especifica o que as pessoas podem fazer com a rede, o que podem construir na sua periferia, o que podem dizer ou quem pode dizer. O protocolo simplesmente diz que, se você quiser trocar bits com outros, pode fazê-lo e, se você quiser conectar um computador ou um celular ou uma geladeira à internet, tem de aceitar o acordo que é a internet.[54]

---

53 Doc Searls & David Weinberger, *World of Ends*, disponível em http://www.worldofends.com.

54 Wordofends, disponível em http://www.silentpenguin.com/cgi-bin/mt/mt-search.cgi?search=strike.

Esse acordo não apenas instala o controle, pois como Galloway cita em *Protocol*, "[...] o protocolo é fundamentalmente a tecnologia de inclusão, e a abertura é a chave para essa inclusão".[55] Na prática, a internet é uma rede aberta com protocolos abertos.

A cultura hacker, desde sempre, percebe a imaturidade desses protocolos e propõe uma nova ética e bom senso, forjando, assim, um novo modelo. Esses argumentos e ideias nos levam a pensar na internet como um espaço de agenciamento, mas que torna possíveis saltos acentuados tanto da ética como da ação direta na microfísica do poder.

O desenvolvimento do Linux, do Apache, do MySql e do PHP (conhecidos como Lamp) revela que essas são experiências abertas e livres que têm apresentado parrudez para os sistemas de web, tanto para a web comercial como para os espaços de conversação em que as pessoas comuns têm a possibilidade de assumir com protagonismo muitas das suas paixões. Outras experiências no campo do conhecimento e da educação que estamos desenvolvendo no Brasil identificam o processo do debate colaborativo como um modo viável para a construção coletiva do conhecimento e, no caso aqui apresentado do MetaReciclagem, a construção de um modelo emergente de sustentabilidade, remuneração e trabalho.

Entretanto, não podemos ser ingênuos e replicar os conceitos colaborativos deliberadamente nos projetos de inclusão digital, pois estaríamos alimentando vieses diferentes. A colaboração entra na contabilidade com mais um viés. Estamos nos referindo

---

55 Alexander Galloway, *Protocol: How Control Exists after Decentralization* (Cambridge: Mit Press, 2004).

à prática da inteligência coletiva, num ecossistema de ideias livres baseado na generosidade e no modo de produção pelo *copyleft*. A academia, as empresas, o Estado e o terceiro setor entram nessa equação, mas não como protagonistas nem como detentores do conhecimento e da inovação, mas sim como participantes desse ambiente hiperlinkado. O que vale é a reputação.

Nessa espuma informacional, emergem novas formas de interação: listas de discussão, blogs, flogs, redes sociais de relacionamento, mensagens instantâneas e qualquer outra ferramenta que conecte grupos. Esses grupos formam focos de movimentos sociais: quanto mais engajado for o projeto, mais intensa será a ação coletiva. E é esse "fuzuê informacional" que torna possível a criação do agenciamento coletivo e seu consequente efeito rizomático.

A informação se cola no agenciamento e vice-versa. Numa multidão hiperconectada, o conhecimento livre tende a se expandir. A prática do conhecimento livre traz a reboque uma série de novos paradigmas que dialogam em tempo real com os enunciados que até agora deram sustentação filosófica à humanidade. Estamos presenciando mudanças drásticas nos debates sobre propriedade intelectual, liberdade de expressão, nas práticas de comunicação, em que até a grande mídia foi perdendo seu espaço de poder.

Nesse contexto, o MetaReciclagem é uma conversação em rede focada no trabalho imaterial, um tipo de interconexão que acontece em tempo real, uma conversação engajada com uma expectativa existencial otimista em relação às possibilidades de mudanças e de revoluções. O MetaReciclagem privilegia o diálogo, relação que só é possível quando há uma compreensão inequívoca do que seja linkania.

Operação pirata

Um projeto colaborativo se faz com esforço coletivo: uma operação voluntária. Não é possível estabelecer vínculos entre essa ação caótica e os métodos de administração tradicional. Toda vez que tentamos administrá-la, caímos na armadilha do velho mundo que privilegia uma administração voltada para os negócios e não para os projetos.

Mas o que significa colaboração? Ou, melhor, projetos colaborativos? Bem, colaboração é um modo de produção. Diferentemente das ideias tradicionais, a colaboração tem vida própria, nasce num ambiente caótico, como a internet, e emerge num movimento de baixo para cima, alcançando um nível razoável de organização. As pessoas têm na internet mais do que uma ferramenta; utilizam-na como uma aliada e, dessa forma, catalisam a conversação entre pessoas comuns. Nesse ambiente de burburinho, muitos projetos são desenvolvidos.

O melhor exemplo do funcionamento do sistema colaborativo está na experiência dos grupos. Mas colaboração também é um conceito elitista: funciona muito bem quando podemos utilizar a ferramenta colaborativa no seu potencial, seja esta ferramenta um computador, um caderno de anotações, um lápis ou apenas uma boca falante. Nesse sentido, temos que nos valer de tempo para destrinchar os projetos. E, muitas vezes, esse é um fator limitante.

Mas há um dilema: projetos colaborativos carecem de financiamento. E mais: não existe uma fórmula ajustada de viabilidade econômica para sustentação de projetos. Colaboração exige muito das pessoas e nem sempre retorna em termos de remuneração. A moeda básica é a reputação, mas isso não tem muito valor quando é necessário criar filhos, pagar contas e comprar o jantar para o dia seguinte.

A interface web potencializa o "puxadinho digital", e o pessoal já entendeu isso. Temos que trabalhar no boca a boca. Assim funciona a rede. E, do mesmo modo, a economia pirata.

Nesse sentido, como bem observa Peter Lamborn Wilson no livro *Utopias piratas*,[56] os piratas em estado puro se aproximam muito do comunismo. Para ele, os peritos que os veem como protocapitalistas estão cometendo um grande engano. Os piratas não se encaixam na definição marxista de "banditismo social" (ou seja, revolucionário primitivo), porque não haveria contexto social para isso. Acho que a rede é pirata, tendo em vista que a pirataria atua numa zona de ocupação, num espaço onde a propriedade é questionada. Na ética hacker, "aquilo que você dá mas não fica sem" é o conhecimento. Arquivos digitais (sejam textos, músicas, vídeos, games) transitam na rede nessa lógica. A troca de arquivos deixa as pessoas mais ricas de conhecimento e torna os velhos detentores da propriedade intelectual mais ameaçados. Nesse embate, a liberdade nos parece mais potente em longo prazo.

Os piratas não formam uma sociedade igual às outras. No sentido restrito da pirataria (aquela do velho desdentado, com a perna de pau e acompanhado por um papagaio), sabe-se que

---

56 Peter Lamborn Wilson, *Utopias piratas: mouros, hereges e renegados* (São Paulo: Conrad, 2001). Especialista em história das heresias e da pirataria, Peter Lamborn Wilson demonstra nesse ensaio que a história real pode ter sido ainda mais inusitada que as fábulas que ela inspirou. Segundo o historiador Marcus Rediker, "Peter Lamborn Wilson mostra por que adoramos piratas – e por que, a bem do futuro, devemos continuar a fazê-lo", disponível em http://www.conradeditora.com.br/index.php?option=com_content&task=view&id=74&Itemid=59.

as condições ideais incluíam proximidade com rotas marítimas conhecidas, nas quais os nativos (e nativas) eram amistosos. Havia isolamento e grande distância de qualquer autoridade ou realidade do colonialismo europeu; lugares com um agradável clima tropical e talvez um pequeno comércio no qual os piratas gastavam seu butim. A liderança era temporária e em situação de combate, mas em terra preferiam a liberdade absoluta, mesmo que à custa de violência. "Na busca pelo butim, estavam dispostos a viver ou morrer pela democracia radical como princípio organizador. Mas, para desfrutar do butim, insistiam na anarquia."[57]

Nesse contexto, podemos pensar num navio como uma célula motivada para alcançar um objetivo. No caso, pirata era a pilhagem de outros navios. Homens se reuniam para esse fim, carregavam comida e estratégias para o mar (muitas bandeiras diferentes para ludibriar os oponentes). A capacidade de tomada de decisão autônoma era muito importante. Desse modo, o navio pirata era independente, contando apenas com as próprias armas.

O terror, os partidos políticos e a pirataria sempre se valeram melhor da rede do que a sociedade concebida sob a égide da cultura de massa. E estamos começando a perceber que, para viver em rede, temos de perceber seus meandros.

Projetos independentes e colaborativos como o MetaReciclagem só podem se desenvolver se pensarmos de forma pirata. Células orientadas para projetos. Autonomia de gestão. Muita informação fluindo entre as partes e, principalmente, a convicção de que cada célula representa o todo. E, assim, só serão

---

57 Hakim Bey, *TAZ: zona autônoma temporária* (São Paulo: Conrad, 2001), p. 98.

possíveis se tivermos a certeza da construção de um projeto comum e rizomático, em que cada membro do grupo necessita contribuir como base para os demais.

As pessoas participam dessa *hi-tech gift economy*,[58] ou seja, uma economia na qual os bens estão disponíveis tão abundantemente que fluem com liberdade. Uma economia que, de certa forma, rege a prática do conhecimento livre. Para muitas pessoas, a *gift economy* é simplesmente o melhor método de colaboração no espaço cibernético. Nessa economia mista da rede, o anarquismo se tornou uma realidade cotidiana.

A colaboração é a palavra do século XXI, e Linus Torvalds causou um alvoroço enorme ao liberar o código numa lista de debates. "Release early and release often" passou a redesenhar um modelo de produção. Colaboração como capital social. Colaboração para fazer qualquer coisa que o desejo invoque. Colaboração como condição de sobrevivência.

O advento da internet como ferramenta de construção de redes modifica as estruturas burguesas. E, por incrível que possa parecer, essa ferramenta fez um estrago nas idiossincrasias dos poderosos. Por ser maquínica, a internet produz no âmago da sociedade um poder nômade que se recria a cada instante, potencializado pelos "nós" das redes. É uma reviravolta nos dogmas ocidentais.

---

58 Richard Barbrook, "The High-Tech Gift Economy", em *Internet Economics*, nº 3, dezembro de 2005, pp. 1-16, disponível em http://firstmonday.org/issues.

A nova criatura é tática: uma TAZ flutuante

As ideias de Hakim Bey se espalharam no Brasil, principalmente por meio da internet e das comunidades independentes. As revoltas cotidianas e de duração relativa fizeram com que muita gente pensasse que a zona autônoma temporária (*temporary autonomous zone*, TAZ) tinha a ver com as ações em rede. Mas isso não é verdade. As TAZs acontecem tanto nas redes de computadores como fora delas. A organização em rede é, entretanto, um agente facilitador.[59]

A internet é importante como ferramenta para criar uma TAZ. Todavia, ela permite circular informações clandestinas, desenvolver a pirataria e ter acesso a bens proibidos por meio dos hackers, além de possibilitar a existência de algumas estruturas não hierarquizadas de produção e divulgação do conhecimento.[60]

Porém, para entender melhor a possibilidade da existência de algumas estruturas não hierarquizadas de produção e divulgação do conhecimento, podemos pensar num cenário que contextualize o que significa conversação. Não é tão difícil definir esse movimento. A linkania emerge de uma rede catalisada pela conectividade cibernética. Hakim Bey denomina esse fenômeno TAZ. O barulho das TAZs identifica e aponta para as transformações provocadas por uma sociedade que começa, sensivelmente, a acrescentar um enfoque de conversação e de emergência aos meios de produção.

---

59 Hakim Bey, *TAZ: zona autônoma temporária*, cit.

60 Ari Almeida, "Hakim Bey para iniciantes", em *CMI Brasil – Centro de Mídia Independente*, disponível em http://www.midiaindependente.org/pt/blue/2003/08/261420.shtml.

Uma TAZ é uma zona autônoma temporária ou lugares no espaço, no tempo e nas ideias que escapam dos poderes, ou melhor, são invisíveis aos poderes, pelo menos por algum tempo, já que não existe "liberdade total". As TAZs são espaços nos quais as pessoas desenvolvem autogovernos e expandem desejos múltiplos. Festas, comunas, surubas, invasões ou simplesmente comunidades, associações livres que nos fazem retomar a ideia de impermanência.

A impermanência é a atitude de uma sociedade conectada, uma desconstrução para o estabelecimento de outra zona de aglutinação. Não é possível entender esse novo momento sob a ótica e convenções do velho paradigma capitalista. A multidão, esse monstro ontológico que aflora de baixo para cima, enfrenta o poder imperial. Como em todos os processos inovadores, o modo de produção que emerge é instalado contra as condições dos quais deve se liberar, ou seja, no caso da multidão, contra a exploração em nome do trabalho, contra a propriedade em nome da cooperação e contra a corrupção em nome da liberdade. É isso que faz a autovalorização dos corpos no trabalho: se reapropria da inteligência produtiva mediante a cooperação e transforma a existência em liberdade. A história da composição de classe e a história da militância trabalhadora[61] demonstram a matriz dessas sempre novas, mas determinadas, reconfigurações de autovalorização, cooperação e auto-organização política, como um efetivo projeto social.

61 Acerca de autovaloração dos corpos, Hardt e Negri enfatizam a questão da classe trabalhadora como reconstrutora do processo social produtivo. Ver Michael Hardt & Antonio Negri, *Multidão: guerra e democracia na era do império*, cit., p. 66.

Efeito "puxadinho"

"A periferia é o centro. Porque lá ele está incluído. Porque lá Sebastião é o rei do samba. Porque o filho do Sebastião trabalha no centro comunitário e o sobrinho, junto com os amigos, estão quase conseguindo o computador para a escola municipal. É o centro porque lá a comunidade se organiza para tirar os traficantes e tentar livrar seus filhos da grana da droga. Uma grana que mata antes dos 20. Pobre sabe o nome do traficante, mora perto dele e reza para que o filho não caia no conto do tênis importado. Pobre sabe que o traficante, que empinava pipa com ele há quinze anos lá no morro, está cheio da grana. Grana dos almofadinhas que cheiram pó e gritam com os subordinados. [...] A periferia é o centro. Porque no outro centro, aquele das avenidas e dos engravatados, pobre chega de cabeça baixa. Na comunidade, ninguém anda de cabeça baixa. Só aquele que se perdeu na bebida depois de anos desempregado. Mas também para ele, pobre tem comida e entrega num prato. Pobre se organiza, faz rifa e compra berço e mantimentos para a menina que foi estuprada, mas não aborta porque é crente. Pobre se junta, faz mutirão para pintar a creche. Pobre só não sabe ainda que tem muitos direitos. Ainda não sabe e, se depender da "cidadania", não vai saber. A periferia está se organizando. Está cansada, mas se organiza. Pobre quer que o filho estude, mesmo que ele seja burro, mesmo que a escola seja ruim. Pobre quer ler. E um dia vai ler em algum lugar seus direitos.

Marcelo Estraviz, A "periferia é o centro"

Já vimos a saga do Sebastião. Ele vive em mutirão, ele respira colaboração. O que seria deste país se não fosse a gentileza entre pessoas que jogam no mesmo time? O carnaval faz sentido porque a comunidade colabora. O carnaval faz sentido porque as comunidades competem pela excelência do desfile. O carnaval está muito além da grana. O sentimento da comunidade canta mais alto.

Tudo isso tem a ver com a operação pirata. A colaboração *per si* funciona como uma TAZ. O efeito duradouro depende da vontade dos integrantes dessa TAZ no sentido de querer fazer algo além da colaboração.

É com esse tipo de concepção colaborativa que a ética hacker se apresenta no mundo do desenvolvimento tecnológico, embora uma contracultura atuante desde os anos 1970 já estivesse agindo colaborativamente em alguns dos princípios que encontram eco e respaldo na mídia tática. Esses princípios se apresentam como redes distribuídas como: ênfase na reputação pessoal ou na meritocracia; colaboração e conhecimento livre e aberto, que afloram no questionamento profundo sobre a validade da propriedade intelectual e nas táticas do *beta permanente*, ou seja, é mais importante realizar que ter um plano perfeito.

No entanto, existe uma diferença relevante. Mídia tática pressupõe a subversão pela transformação ou pela apropriação da cultura convencional da linguagem e da estética, enquanto a cultura hacker propõe a subversão pela revolução e pela construção de uma nova ética.

Voltemos ao exemplo do amigo Sebastião: pobre vive em rede. O engajamento não significa trabalho voluntário nem comunitário. Pobre entende a mágica do hyperlink muito bem. Pobre entende que é necessário um apoiar o outro. E não importa qual seja o projeto. Na hora do jogo, o time tem que ter dez na linha e um no gol.

Num dos debates do projeto Metá:Fora, André Passamani comentou que vivemos "numa terra pronta para o improviso". A combinação de características é que faz do Brasil um lugar tão avançado, porque, afinal, "nem os gringos cinturas-duras (aqueles do Nelson Rodrigues que Garrincha chamava indiscriminadamente de João) conseguem conviver com rigidez". Por quê? Porque a improvisação é o link para a vida.

Em seu livro *The Pirate's Dilemma*, Matt Mason[62] faz referência à sociedade em que vivemos como oriunda do capitalismo *punk*. A ideia é, sem dúvida, original. O movimento *punk* foi o primeiro a reivindicar o "do it yourself" (faça você mesmo) como uma explosão criativa. As guitarras desafinadas davam o pano de fundo para a ruptura com o tradicional "British way of life". A violência se tornou o contrafluxo de uma política selvagem. Sid Vicious trouxe vida para o bando da desilusão. Uma juventude que não encontrava futuro, presa num sistema estático que congelava qualquer transformação social, revelava que não adianta fingir. Na igualdade, somos todos iscas de polícia.

"Faça você mesmo" é a sequela desse movimento. A juventude mais uma vez assumiu a ação. Não dá para ficar com a boca aberta cheia de dentes esperando a morte chegar! Há de se fazer a diferença. O advento das novas tecnologias abre

62 Em seu livro, Matt Mason quis mostrar como hackers, *punks* capitalistas, grafiteiros milionários e outros movimentos da juventude estão remixando nossa cultura e mudando o mundo. Ver Matt Mason, *The Pirate's Dilemma: How Hackers, Punk Capitalists, Graffiti Millionaires and Other Youth Movements Are Remixing Our Culture and Changing Our World* (Londres: Penguin Books, 2008).

alguns espaços nesse sentido. E as pessoas estão cada vez mais construindo atalhos para a participação em rede.

Estamos livres para criar, para fazer dos rascunhos da antiguidade peças de um futuro brilhante. A gambiarra aparece como a arte de fazer. A reexistência do "faça você mesmo". Sem todo o ferramental, sem os argumentos apropriados, mas com o conhecimento acumulado pelas gerações. Fazer para modificar o mundo. Um contraponto ao empreendedor selvagem. Fazer para transformar aquilo que era inútil num movimento ascendente de criatividade. A inovação está presente no DNA pós-moderno, no pós-humano, numa vida gasosa. Abro aqui parênteses para fazer uma crítica a Baumann com suas diversas modernidades líquidas.[63] O líquido se acomoda num contêiner, seja um copo, um vaso ou apenas a terra onde o oceano se deixa existir. O gasoso flui no espaço, no tempo e no ser em existência. Logo, a pós-modernidade é a multiplicidade de estados que se misturam na avenida Ipiranga com a avenida São João. Uma gambiarra que remixa, que modifica, que transforma e que se mistura com o próprio Baumann.

A gambiologia é uma protociência que começa a ser importante neste momento de transformação. Diferente das outras ciências, a gambiologia acontece como uma TAZ: é uma impermanência que surge na necessidade e desaparece na conclusão. A gambiarra é a experimentação nas veias abertas do espírito hacker. O "faça você mesmo" é fundamental. É dominar o mundo sem a necessidade de apresentar um relatório. A documentação está atrelada à replicação e não se pode tratá-la mais

---

63 Zygmunt Baumann, *Modernidade líquida*, trad. Plínio Dentzien (Rio de Janeiro: Jorge Zahar, 2001).

como objeto de serventia, mas prova de conceito. Um conceito que se mistura na proposta hacker: o fluxo de ideias compartilhadas para catalisar a inovação e ordenar o caos em redes de inteligências coletivas. Gambiarra é remontar o inimaginável. Um quebra-cabeça com peças jogadas, desmontadas. O céu se mistura com a água. A construção vira lama. As imagens recriam um novo desenho, montam uma nova realidade. Na web, a onda é a bricolagem: desconstruímos o conhecimento em partes desconexas e o conectamos pela apropriação da plataforma tecnológica. Cada um busca sua verdade, e essa verdade não é real. É um caminho, um percurso para encontrar aquilo que nunca se imaginou.

Como a colaboração e o conhecimento livre podem impulsionar um modelo de sustentabilidade? Em primeiro lugar, temos que fazer a ponte entre a tecnologia e a colaboração (entendendo colaboração no sentido mais amplo, da laje na favela ao "puxadinho digital"). A tecnologia é um processo de intervenção, pois só tem importância quando gera algum impacto na sociedade e na maneira como esta se organiza. A proposta hacker tem na colaboração o seu modo de produção.

Em segundo lugar, temos que atentar para o aspecto de sustentabilidade. Os hackers surgiram no ambiente universitário. Com as contas balanceadas, é fácil, muito fácil, romper com as estruturas impostas pelo capitalismo. Stallman teve condições de priorizar o desenvolvimento de um driver para impressora, por exemplo, e quebrar com os modelos da indústria de software. No Brasil, ele morreria de fome. Isso acontece porque a ética hacker, a pirataria e outras ações da contracultura estão na chamada economia informal. E esse é o modelo que se exporta cada vez mais, das periferias para as "periferias dos centros".

Por um lado, isso ocorre em razão da crescente desigualdade no chamado primeiro mundo e pelo sonho cada vez mais frustrado da imigração. Por outro, a expansão da economia pirata, a "invasão" dos centros pelas culturas mestiças e/ou híbridas, periféricas e pela maior apropriação social dos meios de produzir/reproduzir informação e conhecimento. Isso acontece tanto on-line como off-line. A informação e o conhecimento estão na base, na "infraestrutura", no plano da sobrevivência.

As originalidades das conversações que acontecem no baixo hemisfério devem ser analisadas sob outro ponto de vista. Ser hacker é uma forma de sobrevivência. Essa análise se descola da cibercultura e entra nas relações existentes nas sociedades globalizadas. É nessas relações que observamos que uma das particularidades brasileiras é definir colaboração como estratégia de sobrevivência nas periferias.

A nova sociedade digital mostra que alguns princípios do ser humano estão sendo transformados e compreende a revolução digital como propulsora de uma nova ordem. A nova sociedade digital aceita a anarquia como forma viável de balanço entre os poderes, admite que o conhecimento deve ser livre e defende o direito de as pessoas comuns dividirem esse conhecimento. Assim, tanto empresas quanto governos tornam-se mais frágeis diante dessa realidade, pois construíram um verdadeiro "muro de Sharon", que divide a sociedade em castas dos opressores e oprimidos, dos poderosos e fracos, dos produtores e consumidores, do bem e do mal. Não é possível a existência de uma sociedade tão maniqueísta. A multidão hiperconectada promove a ruptura da ética protestante que ajudou na evolução da sociedade industrial. Na era do conhecimento, esses valores devem ser sobrepujados por uma ética.

Para entender essa ruptura dos paradigmas, é preciso pensar e participar. Um novo sistema está nascendo. É preciso esquecer o velho comando e controle. Está surgindo uma consciência inequívoca de que a construção de baixo para cima tem muito a oferecer no desenvolvimento do processo coletivo numa sociedade que sobrevive e se recria na própria diversidade.

A multidão hiperconectada

Temos sugerido que o capitalismo está sofrendo um processo de ruptura por meio das conversações da rede. Essa afirmação parece ingênua e, talvez, um recorte leviano que aponta para uma verdade anunciada. Realmente, quando analisamos de fora, desvinculados das ideias recorrentes, parece uma grande utopia. Tento provar o contrário. Rede pressupõe engajamento e imanência.

O barulho das TAZs identifica e aponta para as mutações provocadas por uma sociedade que começa, sensivelmente, a acrescentar um viés colaborativo aos meios de produção.

Pensar em cidadania na sociedade em rede é cada vez mais complexo. Como o caos e a ordem se encaixam num conceito que coloca o indivíduo no gozo dos direitos civis e políticos de um Estado? Indivíduo é uma palavra desgastada. Um ser humano não pode ser encarado como indivisível. Numa sociedade moderna, as pessoas são seres multifacetados e capazes de viver várias vidas numa só. A esquizofrenia aflora na sociedade mediada pelo digital.

Do mesmo modo que, para filosofar, é preciso fazer uma imersão, demorarmo-nos em conceitos e ideias e não emitir uma mera opinião de fora, para viver na rede temos que "escovar os bits" de dentro para fora.[64]

Além disso, assim como povo, massa e Estado são palavras vazias e excludentes, cidadania pode ser um termo que pressupõe um olhar de fora. A nossa meta é entrar na cidadania. A ideia é participar, "cidadanizar". No entanto, é bom avançar um pouco além desse conceito.

Minha referência é a linkania, um movimento de auto-organização do caos. Linkania é um pensamento, uma inserção no mundo das ideias e das coisas. Há o uso de um discurso comum quando se fala em cidadania, sobretudo em discursos de políticos, porque cidadania implica direitos e deveres entre povo e governo. No entanto, na maioria das vezes, trata-se de algo bonito de dizer, mas muito pouco exercido. Por isso, quando digo que linkania tem a ver com pessoas, estou me referindo de um modo mais abrangente. Com as tecnologias digitais, estamos experimentando percepções que não faziam parte da nossa metafísica padrão. Experimentamos as nossas singularidades (ou as nossas esquizofrenias): há uma multidão dentro de cada pessoa. A linkania faz as ligações para a auto-organização. Portanto, a linkania se contrapõe à ideia hegeliana de cidadania. Linkania é imanente, está ligada às pessoas.

A interessante abordagem de multidão contribui muito para o entendimento dessa sociedade de colaboração. O conceito de multidão vai contra todos os avatares da transcendência do poder soberano, nomeadamente o de povo soberano, pois se

64 Referência ao processo hacker de "escovamento" de bits, ou seja, limpeza do código.

refere à imanência de uma composição de singularidades não representáveis. Logo, parte da ideia de que qualquer corpo já é uma multidão capaz de expressão e cooperação. Nessa linha de pensamento, multidão pode igualmente ser um conceito de classe, sujeito de produção e objeto de exploração, se essa exploração for da cooperação das singularidades.[65]

É nesse sentido que a internet inova, pois permite perceber essas singularidades e entender que essa "multidão monstruosa" potencializa o debate e possibilita a compreensão de que o poder tende à descentralização. A catalisação da colaboração não é um caso em desenvolvimento, é uma realidade virtual. A colaboração é um processo que não nasceu com o computador: está na boca do povo, ronda os asfaltos poeirentos das periferias.

O Linux nasceu, cresceu, amadureceu e configura-se hoje como outra forma de produção e gestão da indústria. A mudança da lógica do *market share* é o gozo das comunidades hackers. Mas não quero me ater ao Linux. As comunidades de software livre são o exemplo para uma possível sociedade da colaboração. Foram os desenvolvedores que romperam a barreira e se sobrepuseram aos dogmas da era industrial. Mas software é apenas uma ferramenta. Numa sociedade da colaboração, deve prevalecer uma ecologia digital.

---

65 Um dispositivo da multidão poderá partir apenas de uma tomada prioritária do corpo e da luta contra sua exploração. Ver Antonio Negri, *Pour une définition ontologique de la multitude*, disponível em http://multitudes.samizdat.net/article.php3?id_article=29.

Não existe colaboração sem generosidade

Colaboração não é ajuda, não tem nada a ver com o ditado "não dê o peixe, ensine a pescar". Tem a ver com projetos de interesse comum. É um incentivo à busca de informação relevante, pois quem não "escova os mercados" não conseguirá compreender que o mundo está cada vez mais produzindo coletivamente.

Nesse processo, as ideias borbulham. As conversações são assíncronas: agrupam pessoas, formam comunidades que se sobrepõem, interagem, se intersecionam e se autoconstroem.

A internet já rompeu, em parte e de certa forma, o elitismo da informação e descentralizou a fama. Diferentemente do que ocorre com a grande mídia, com as redes sociais o mundo fica sem "heróis", na web, existir é ser visto. Blogs, assim como seus *publishers*, existem para ser vistos. Sem celebridades e olimpianos, sem emissores e receptores. Somos todos apenas pessoas do ciberespaço.

Para conviver nessa rede, temos de compreender essa nova dinâmica e nos entender como pessoas num processo. Uma das noções que a virtualidade põe de ponta-cabeça é a de identidade. Os recursos permitem a existência de vários "eus", tornados reais. Os "eus" dependem de um repertório socialmente construído. E temos de pensar muito nessa questão do repertório, nas tecnologias de interação e em suas possibilidades, no que é e no que pode ser inteligência coletiva.

Isso parece óbvio, mas muitas vezes não agimos dessa forma; criamos carapuças para nos esconder. Pequenos atos são importantes para subverter o cotidiano. E são esses pequenos atos de generosidade que alimentam a revolução digital. A vida é curta porque morremos. É quando estamos sozinhos que refletimos acerca do que é realmente importante, pois as coisas mudam. "A velha vizinhança não é mais aquela que costumava ser" e as "crianças crescem ouvindo notícias muito mais horrorizantes do que os antigos contos de fadas".[66]

Software livre e mídia tática

A adoção do software livre por diversos governos no Brasil é uma realidade. Uma afronta ao monopólio? Ou a compreensão de que o conhecimento livre pode ser uma saída viável para a sobrevivência do terceiro mundo? A tecnologia livre é um grande atalho para o futuro. A apropriação e a ocupação de espaços acontecem de maneira emergente quando o conhecimento pertence à multidão.

São as comunidades, as pessoas envolvidas nesse processo descentralizado, e não um ou outro partido, uma ou outra empresa. Programadores, pensadores, universitários, professores, gestores sociais, enfim, pessoas conectadas não precisam esperar pelo sinal verde do governo ou pela demanda das corporações. Podemos agir por nós mesmos, para nós, porque a opção pelo software livre é importante para as nossas comunidades.

A multidão brasileira tem a possibilidade de criar produtos e serviços com uma tecnologia disponível a todos, num ambiente colaborativo no qual as melhores cabeças do mundo estão comprometidas e dedicam suas habilidades para disseminar

---

66 *Manifesto Cluetrain*, cit.

uma nova forma de desenvolvimento de software e de trabalhar colaborativamente com o conhecimento. Nesse mundo de códigos livres, não existe jogo de poder, existe apenas o livre fluxo do saber.

O software livre já é uma realidade para o usuário default: pessoas que utilizam um ambiente gráfico, cliente de e-mail, MP3, queimador de CD, planilhas eletrônicas e outros aplicativos de uso cotidiano. Não se pode considerar o software livre um substituto do software proprietário. Eles são equivalentes e complementares sob o ponto de vista macroeconômico. No entanto, filosoficamente, o software livre tem uma relação de ruptura paradigmática na sociedade moderna: é um novo modelo de produção. Colaboração em vez de investimento de capital, generosidade em vez de concorrência.

O software livre, no entanto, não proporciona *per si* a desapropriação mental. Esse é um processo que diz respeito à liberdade de conhecimento, da qual o software livre basicamente é um bom exemplo. Mas não sejamos ingênuos, os latifúndios culturais se arranjam até mesmo nos movimentos de software livre.

Na verdade, software livre é uma tendência inexorável. Não é necessário nos degladiarmos contra o *status quo* proprietário. O movimento pelo software livre não pode ser contido, não é um cântico de vitória prematuro. É lógico que existem forças muito poderosas interessadas em brecar a ascensão do conhecimento livre. Negri define bem a ação do império. E, nesse contexto, a multidão hiperconectada emerge como um contrapoder. Esse contrapoder são as conversações, são as linhas de comando propostas pelos movimentos do software livre. Essa rede só pode ser quebrada pela negação ao acesso. Isso não nos parece provável, pois a internet, por um lado, possibilita toda a algazarra da multidão e, por outro, favorece o império capitalista. Esse é o paradoxo do século XXI.

Redes sociais

Qual é a novidade de uma cultura de redes sociais? Fundamentalmente, não há nada de novo. Como já foi dito, sempre vivemos em rede, pois se trata de uma configuração padrão do ser humano ao longo da história. Ocorre que, nas últimas duas décadas, o conceito de rede vem sendo utilizado como alternativa de organização que possibilita respostas a uma série de demandas de flexibilidade, conectividade e descentralização da atuação social.

Com as tecnologias da comunicação e da interação, as redes passam a facilitar a convivência em tempo real a distância. Provocam e potencializam a conversação. Reconduzem a comunicação para uma lógica de sistemas organizacionais capazes de reunir indivíduos e instituições de forma descentralizada e participativa.

Apesar de dominador, o capitalismo não consegue mais se sustentar. Seus principais alicerces (a economia, o paradigma da ética burocrática e a cultura de massa) estão em crise. E toda crise é o indício de que se faz necessária urgentemente uma nova ordem, uma restruturação. O século XXI exige, portanto, modificações estruturais no poder.

As mídias sociais não explicam as relações em rede, não explicam a linkania. Pensar na mídia é voltar ao século passado, em que massas passivas se colocavam à mercê do discurso de grandes corporações comunicativas. Para ter o seu discurso apresentado, o cidadão deveria invadir um espaço poderoso (tornar-se um "linkadão"!), cerceado por barreiras sociais e políticas. A internet rompe com esse padrão do midiático. Internet é mais que mídia. A midiatização das redes vem a reboque das redes sociais, e por isso as redes estão *a posteriori* das interações conversacionais. Creio que temos de separar as máquinas conversacionais da midiatização. Somos pessoas que conversam com pessoas. A camada midiática não cabe no cotidiano on-line contemporâneo. O espetáculo deve ser repensado.

As redes permitem às pessoas compartilhar informações de forma dinâmica, processos de ensino-aprendizagem pontuais e autogeridos, que em escala assumem uma natureza abrangente. A lógica da aprendizagem distribuída é o efeito prático do modelo de trabalho imaterial promovido pelas comunidades de software livre. A gestão do desenvolvimento do software se dá pelo compartilhamento de conversas na comunidade. Assim, a estratégia de aprendizado distribuído estimula as pessoas a criarem rastros de aprendizado a partir de sua navegação cotidiana pela web e possibilita que esses rastros possam ser agregados em outros ambientes a partir da adoção de microformatos.

Esses rastros se misturam na rede e emergem nas comunidades. Na internet, a participação é protagonista. Cada um é responsável pela sua ação em rede. Aquele que não publica não existe. É nesse cenário que as redes sociais adquirem importância. A história da cibercultura é marcada por uma forte sinergia entre as instituições de pesquisa, as universidades, os militares, as grandes empresas e a cultura popular. No entanto, dessa sinergia, a maior parte das grandes revoluções foi feita pela cultura popular: artistas, designers, escritores, programadores, hackers e demais ciberativistas foram fundamentais para a consolidação da sociedade da informação. Assim, da maneira aqui entendida, a contracultura está imbricada na cibercultura e é herdeira dessas ideias e experiências.[67]

A originalidade da conversação que acontece no Brasil também está calcada na difusão do movimento de software livre, pela sua apropriação por diversas estruturas do governo, tanto no âmbito do governo federal quanto estadual e municipal, com forte aspecto ideológico e midiático. A propriedade privada do conhecimento, paradigma que se inaugurou com a modernidade, parece estar sendo questionada (e até mesmo superada) como modelo pelos saberes e pelas práticas envolvidos na cultura digital, sobretudo no movimento do software livre, que apresenta a possibilidade de novos paradigmas para a construção e a partilha do conhecimento.

Uma sociedade que começa a se constituir protagonista, fruto da essência hacker que se estabeleceu como o bom senso digital, implica a ativação de redes baseadas naquilo que cada pessoa compartilha, criando grupos emergentes de aprendizado e compartilhamento de referências. As pessoas aprendem em rede e ensinam quando seus pares validam o conhecimento.

A revolução das tecnologias da informação atua remodelando as bases materiais da sociedade e induzindo a emergência do informacionalismo como a base material de uma nova sociedade. Mas não podemos atribuir essas mudanças apenas à tecnologia. A (r)evolução, incluindo a promovida pela internet, tem a ver, antes de tudo, com as pessoas.

---

67 André Lemos, "Cibercultura e mobilidade: a era da conexão", em *Revista Razón y Palabra*, nº 41, Monterrey, 2004, disponível em http://www.razonypalabra.org.mx/anteriores/n41/alemos.html.

A internet torna possível o florescimento de novos movimentos sociais e culturais em rede, possibilita a organização da sociedade civil em novas formas de gestão e o retorno às redes humanas depois de anos de domínio das redes de máquinas e da burocracia. A tecnologia catalisa a inteligência das pessoas.

Gente quer ser feliz

Músicas, imagens e textos estão sendo difundidos de forma livre numa quantidade jamais vista. Todavia, ainda permanece em aberto a questão de como criar um esquema de remuneração para toda essa criatividade.

Não há respostas, mas ideias. Acredito que, apesar de terem como objetivo final a remuneração, essas pessoas estão buscando se firmar, pisar num terreno mais sólido. Querem ser reconhecidas por sua criatividade e pela qualidade dos seus trabalhos. As pessoas buscam nas comunidades um reencontro com a linkania.

Esse processo é particularmente importante no caso do Brasil. Temos uma tradição antropofágica que combina muito bem com a cultura hacker, na medida em que funde elementos de diferentes origens em produtos criativos. Somos historicamente periferia que é centro: ela vive de mutirão, respira colaboração. Nesse sentido, a colaboração é sempre estratégia de sobrevivência. O que seria deste país se não fosse a gentileza entre pessoas que jogam no mesmo time da miséria, os que muitos passaram a chamar de "excluídos"? Eles podem estar excluídos do acesso às ferramentas tecnológicas que têm permitido às elites se apropriarem do patrimônio cultural e artístico da humanidade e transformá-lo em propriedade privada, em benefício de uns poucos. Entretanto, não estão excluídos da cultura da colaboração, da criatividade, da sobrevivência.

Os meios digitais possibilitam que os recursos "tecnológicos" de criação, produção, transformação e circulação de conhecimento e cultura sejam acessíveis. As comunidades engajadas nos projetos de linkania, a exemplo das comunidades de software livres e de ideias, estão crescendo e amadurecendo. Estamos testando alternativas para a criação de uma comunicação descentralizada, independente e para os lados.

A mensagem está linkada. Está nos sites, nos blogs, repercutida nos e-mails que trocamos diariamente. A mensagem está na rede e pode ser processada por qualquer uma das pontas: é só copiar o link, baixar os documentos, montar as peças. Cabe às pessoas, nas diferentes pontas do (e no) processo, transformar o arquivo digital num conteúdo analógico. O meio, assim, não é mais a mensagem. Ela é a voz viva de cada pessoa. Qualquer pessoa pode criar e fazer ressoar sua mensagem na rede.

A linkania é a expressão do engajamento das pessoas em rede. Uma troca generosa de links que catalisa a conversação, provoca e solidifica o engajamento. A rede é formada pelos "nós". "Nós" linkados uns com os outros. É o poder dos links: linkar e ser linkado. Viver, pensar, fazer. Estamos encarando o futuro. Um futuro que extrapola a realidade, que transcende utopias. Estamos investindo no lúdico como estratégia existencial. E, para potencializar nossas esperanças num mundo melhor, temos que acreditar. Acreditar na ilusão vital da virtualidade que extrapola a realidade, que transcende a utopia. Na ilusão que modifica a metafísica e que se contrapõe ao excesso de realidade. No lúdico como estratégia existencial. Afinal, como certa vez disse Oscar Wilde: "a vida é algo muito importante para ser levada tão a sério".

Das múltiplas interfaces ao monstro cibernético

> Somos nossa memória, somos esse museu quimérico de formas inconstantes, esse monte de espelhos partidos.
>
> *Jorge Luís Borges*

O que é interface? Para que serve a interface? Será que tem a ver com computadores? A interface é um tipo de tradutor que aproxima a linguagem do homem com a máquina. Olhamos para a telinha e já sabemos o que ela tem a nos dizer. Um ícone sedutor fazendo caras e bocas para nossos olhos repletos de informação. Ou uma chamada para a ação. Ou para a interação.

Mas interface é mais que isso. São múltiplas interfaces que acessamos a cada viagem. Seria banal não percebermos que novas linguagens e novos meios de comunicação deixariam a vida passar em brancas nuvens. Pelas múltiplas interfaces, exploramos os impactos culturais e sociais em nossa vida.

Sim, transformação, impacto, ruptura e quebra-quebra digital. Estamos vivendo um período de transformação. Da percepção de que o objeto da tecnologia está relacionado com a cultura. Podemos especular. O virtual abre as possibilidades, novas fronteiras.

Num processo de destruir e aglutinar, a tecnologia atende ao chamado da história. Nasce o monstro cibernético que expressa a ansiedade do homem em ocupar o seu lugar no Olimpo. Uma busca pela vida. Uma vida que tenta imitar as virtudes do seu criador. A máquina imita o homem, que imita deus. A grande memória. A informação que tende ao infinito e ao além. O efeito Google.

Filosofia e tecnologia se juntam para desvendar o mistério do mundo. A ideia passa pela descontextualização da memória e pela construção de próteses de memória. Mas o que são próteses de memória? Vamos abstrair mais um pouco. Vamos pensar na inteligência coletiva ou na catalisação do conhecimento por meio da colaboração entre as pessoas.

Pensar na inteligência coletiva é se colocar para fora do ser. A memória está no outro. Spinoza diz que os poderes "transformam homens racionais em animais ou em autômatos". O monstro cibernético pode, então, numa lógica contrária, voltar a ser racional. As próteses de memórias se juntam aleatoriamente numa finitude retencional.[68]

Se a memória pode industrializar-se é porque se revela tecnologicamente sintetizada, e essa síntese é originária, na coinvenção do "quem" e do "que", na constituição do suplemento requerido diante da limitação, do esquecimento, da falta que demanda um suporte, instrumento e meio de conservação e condições de elaboração.

---

68 "La technique n'aide pas la mémoire: elle est la mémoire en tant que finitude rétentionnelle". Cf. Bernard Stiegler, *La technique et le temps: la faute d'épiméthée* (Paris: Galilée, 1994), p. 83.

O monstro cibernético é o crime quase perfeito. O homem busca, desde sempre, a ideia do infinito. Esse infinito é o deus fora de cada um. As próteses de memória brincam com essa dualidade, o ser e o deus, e simula por meio da arte tecnológica esse jogo da vida.

Assim, experimentamos a desconstrução dos tempos: "desconteinerizamos" as caixas. Essa é a proposição do novo paradigma. Uma vida diferente, onde o ser, o espaço, o tempo e o conhecimento rompem os limites. Estouram os contêineres da virtualidade e voltam ao real para reconstruir o mundo.

O monstro cibernético. As próteses de memória catalisam o processo mnemônico. O virtual, então, se corporifica numa estrutura de ferro, madeira, cores e computadores. Essa (re) aproximação da tecnologia com a cultura se faz de maneira muito tranquila. A emergência de uma nova cultura. As pessoas estão se linkando, criando um mundo virtualmente real

Vivemos a cultura da mídia, *pop* e supérflua. Não é possível conviver nesse ambiente cultural sem analisar as tecnologias de informação e comunicação que trafegam pelo entorno da sociedade. A tecnocultura está carregada de simbologia e signos, é semântica. E essa simbologia se amalgama com os destroços dessa civilização.

Reciclar é preciso, porque é preciso viver, mas não se fala mais em reciclar corpos. Numa vida além do pós-modernismo, os corpos deixam a centralidade. O que importa mesmo é a relação. E isso já era dito pelos estoicos. Esse conceito vem aflorando, ocupando os espaços mentais, substituindo as velhas proposições. A ruptura está aí. É agora. E, quando falamos em relações, estamos, na verdade, nos referindo aos links, ligações que vão além do ser. Como pensar numa ligação com um monstro cibernético. Como a tecnologia pode conversar com a arte. E vice-versa. Estamos pensando no fluxo de informação. Uma simbologia comunicativa, uma voz que seja compreendida. Enfim, buscamos uma espécie de tradutor, reencontramos as interfaces e fechamos o ciclo inconstante.

Agenciamento coletivo

A interface não é apenas uma membrana que separa o espaço do ciberespaço. Ela é uma espuma que agrega a relação num espaço informacional.[69] Se a interface é explicada no âmbito da cultura, para compreender esse momento de fervura, temos que tentar fazer uma pausa para derivar e extrapolar a curva de mutações que estamos presenciando. Com a apropriação do termo "interface cultural", podemos descrever as maneiras como os usuários interagem com o computador. A distribuição de todas as formas de cultura se torna baseada nos computadores: estamos aumentando a relação com os dados predominantes da interface cultural, sejam textos, fotografias, filmes, músicas, ambientes virtuais. Em resumo, não estamos mais nos relacionando com os computadores, mas com a cultura codificada em forma digital.

Essa afirmação remete à noção de "agenciamento coletivo da enunciação", conforme Deleuze e Guattari desenvolvem

---

69 Lev Manovich faz essa distinção da interface sob uma ótica cultural. Manovich também não considera a interface uma membrana. Algo entre uma coisa e a outra. Ver Lev Manovich, *The Language of New Media* (Cambridge: MIT Press, 2001), p. 66.

em "Postulados da linguística".[70] Até mesmo a tecnologia erra, segundo eles, ao considerar as ferramentas nelas mesmas, já que só existem em relação às misturas que tornam possíveis ou que as tornam possíveis. Por exemplo, um estribo engendra uma nova simbiose entre o homem e o cavalo, e essa simbiose gera, ao mesmo tempo, novos instrumentos. Ou seja, as ferramentas não são separáveis das simbioses e dos amálgamas que definem o que eles chamam de "agenciamento maquínico natureza-sociedade". Da mesma forma, quanto ao aspecto coletivo ou semiótico, o agenciamento não remete a uma produtividade de linguagem, mas a um regime de signos, que seria uma "máquina de expressão" cujas variáveis determinam o uso dos elementos da língua. Assim como as ferramentas, esses elementos não valem por eles mesmos. "Há o primado de um agenciamento maquínico dos corpos sobre as ferramentas e sobre os bens, primado de um agenciamento coletivo da enunciação sobre a língua e sobre as palavras", dizem os dois pensadores, e a articulação dos dois aspectos do agenciamento se faz pelos movimentos de desterritorialização que quantificam suas formas. É por isso que um campo social se define menos por seus conflitos e suas contradições do que pelas linhas de fuga que o atravessam. Um agenciamento não comporta nem infraestrutura, nem superestrutura, nem estrutura profunda e estrutura superficial, mas nivela todas as suas dimensões num mesmo plano

70 Embora Gilles Deleuze já mencionasse o termo "agenciamento coletivo de enunciação" em seu livro *Lógica do sentido*, com Félix Guattari explica mais rigorosamente esse conceito em "Postulados de linguística". Ver Gilles Deleuze & Félix Guattari, *Mil platôs: capitalismo e esquizofrenia*, trad. Ana Lúcia de Oliveira & Lúcia Cláudia Leão, vol. 2 da Coleção Trans (São Paulo: Editora 34, 1997).

de consistência em que atuam as pressuposições recíprocas e as inserções mútuas.[71]

Portanto, é possível crer que a internet, ou melhor, o "espaço informacional derivado", não seja ensimesmado na tecnologia. A tecnologia aponta para o incremento do estado de relações entre as pessoas. A rede só existe por causa das relações, e não o contrário. A esse respeito, David Weinbeger narra a situação de pessoas que vivem em países separados, divididos por fronteiras e, às vezes, por muros com soldados e armas. Na web, as pessoas caminham juntas (se conectam), pois estão interessadas nas mesmas coisas e se preocupam com as mesmas coisas. No mundo real, surgem as distâncias que separam as pessoas. Na web, o compartilhamento dos interesses junta as pessoas. Se a conexão e a preocupação nos fazem humanos, então a web é "construída pelos hyperlinks e energizada pelo interesse e pela paixão das pessoas, é um lugar onde podemos ser pessoas melhores". E é para isso que serve a web.[72]

No livro *Marketing hacker: a revolução dos mercados*,[73] mencionei a necessidade de "escovar mercados" como um pressuposto hacker para ocupação e apropriação dos espaços informacionais dedicados. Esses espaços devem ser entendidos como locais onde as pessoas se reúnem no ciberespaço: são os micromercados, as comunidades virtuais, os blogs, as listas de debates, os softwares sociais e outras formas de ação. Desse modo, imanência e agenciamento coletivo têm total aderência com a sociedade em rede.

---

71 Gilles Deleuze & Félix Guattari, *Mil platôs: capitalismo e esquizofrenia*, vol. 2, cit., p. 20.

72 David Weinberger, *Small Pieces Loosely Joined: a Unified Theory of the Web*, cit., p. 95.

73 Hernani Dimantas, *Marketing hacker: a revolução dos mercados*, cit.

O LINK É A MENSAGEM 4

I link therefore I'm.[74]

Edward Wilson, Consilience: the Unity of Knowledge.

O que é a web? A internet ainda é um ambiente misterioso. Em seus meandros, há perversidades e maravilhas. Ela espelha a vida em todos os sentidos, repetindo digitalmente as mazelas da nossa sociedade.

Tudo é muito novo. O crescimento dessa mídia binária é muito rápido. Estamos adotando essa tecnologia numa velocidade absurda. Existe uma diferença em relação aos outros meios, pois as pessoas estão conversando na rede de forma muito peculiar. Usamos e-mails, blogs, listas, chats e fóruns para reverberar as palavras. A sedução espiritual da web é a promessa do retorno da voz. Queremos resgatar a capacidade de comunicação, queremos gritar, colocar a boca no trombone virtual.

Entramos nessa onda sem saber exatamente para que servia toda essa parafernália. As pessoas logo entenderam que

---

74 "Linko", logo existo.

falar é barato. Além disso, a distribuição livre de informação deixa as pessoas mais inteligentes, mais capacitadas para participar do dinamismo da web. Queremos falar para o mundo. Nossa intenção sempre foi recuperar a voz perdida e romper a hierarquia das organizações, mostrando o nosso valor.

Estamos debatendo em tempo real essa desconstrução da sociedade de massa. Mas temos de assumir essas mutações e passar a agir de acordo com essa novidade. Nessa corrida maluca, percebemos que os mercados também se transformam. O *Manifesto Cluetrain* é claro: propõe o fim dos negócios como conhecemos. Por quê? Os mercados são conversações. E essa conversação faz as pessoas se aproximarem, não só para trocar informações cotidianas, muitas vezes descartáveis, mas para a auto-organização na produção coletiva da sociedade.

Esta é a proposta do movimento dos códigos livres: uma organização colaborativa, anárquica e disforme, poderosa pela afetividade e pelo interesse de pessoas num projeto comum. A rede faz esse movimento aflorar.

Entretanto, essa rede está apavorando o grande monopólio, as grandes corporações, os acordos dos mestres capitalistas, o velho agenciamento coletivo. Mas é difícil combater a organização de pessoas comuns, porque ela é emergente, funciona *nos* links.

Direta ou indiretamente, estamos todos linkados. Há uma capacidade imanente nas relações humanas que torna imprescindível a interação dos indivíduos. Quanto mais um indivíduo interage com outros, mais apto estará para reconhecer comportamentos, intenções, valores, competências e conhecimentos que compõem seu meio. Por outro lado, quanto menos interagir em ambientes diversificados, a tendência será um desenvolvimento menos expressivo da percepção do mundo. Nesse sentido, um dos aspectos essenciais para a consolidação de projetos coletivos, os quais necessitam do engajamento de muitos em ações específicas, é a confiança, que está diretamente relacionada à reputação das pessoas on-line, no caso da rede, e a capacidade de se relacionar com os outros e manter um nível de conversação produtiva, na qual seja possível perceber quem ou o que faz parte de um universo de referência.

As pessoas se linkam umas com as outras por laços ou nós de vários tipos. Estes, por sua vez, constituem matéria interessante para analisar as relações entre as pessoas, as culturas, as instituições e as sociedades. E linkar é a potência que propulsiona toda produção na rede. Refletindo sobre esse aspecto, percebemos que, historicamente, a sociedade não estaria constituída da maneira como a conhecemos, não fosse pela articulação das pessoas, umas linkadas com as outras por interesses, laços familiares ou quaisquer outras manifestaçoes humanas que levassem uma pessoa a se relacionar com outra. É uma má gica intimamente ligada às nossas idiossincrasias.

A rede é a anfetamina das conversações. Esse parlatório está modificando toda a estrutura de poder. Pessoas comuns falando e desenvolvendo seus projetos pessoais repercutem novas ideias, desbalanceando as relações nos mercados e nas empresas. A internet trouxe a ideia de revolução, com críticas inequívocas de como a sociedade moderna está estruturada. Romper paradigmas significa destruir os preconceitos nos quais estamos inseridos.

Linkar, linkar e linkar. Essa é a máxima deste novo mundo. Linkar por generosidade, pois entendemos que gentileza gera gentileza. Linkar porque temos interesses comuns com pessoas de verdade. Pessoas que pensam, amam, brincam, namoram, têm filhos. Esses filhos continuarão linkando suas vidas com outras vidas, numa transferência de genes e memes. Linkar tem seus objetivos: recuperar a voz perdida, buscar nas entrelinhas digitais uma vontade de composição de uns com os outros, uma humanidade mais humana. A linkania é a revolução colaborativa.

BIBLIOGRAFIA

ADORNO, Theodor W. & CANETTI, Elias. "Diálogo sobre as massas, o medo e a morte". Em *Novos Estudos Cebrap*, nº 21, São Paulo, julho de 1988.

ALMEIDA, Ari. "Hakim Bey para iniciantes". Em *CMI Brasil – Centro de Mídia Independente*. Disponível em http://www.midiaindependente.org/pt/blue/2003/08/261420.shtml.

ARQUILLA, John & RONFELDT, David. *Networks and Netwars: the Future of Terror, Crime and Militancy*. Santa Monica: Rand, 2001. Disponível em http://www.rand.org/publications/MR/MR1382.

BARBROOK, Richard. "The High-Tech Gift Economy". Em *Internet Economics*, nº 3, dezembro de 2005. Disponível em http://firstmonday.org/issues.

BAUMANN, Zygmunt. *Modernidade líquida*. Trad. Plínio Dentzien. Rio de Janeiro: Jorge Zahar, 2001.

BENKLER, Yochai. *The Wealth of the Networks: How Social Production Transforms Markets and Freedom*. New Haven: Yale University Press, 2006.

BERRY, J. "Bare Code: Net Art and the Free Software Movement". Em *Artnodes*, 2002. Disponível em http://www.uoc.edu/artnodes/eng/art/jberry0503/jberry/0503.html.

BEY, Hakim. *TAZ: zona autônoma temporária*. São Paulo: Conrad, 2001.

BORGES, Jorge Luís. *Obras completas*. Vol. 2. São Paulo, Globo, 1999.

BOYD, Danah M. & ELLISON, Nicole B. "Social Network Sites: Definition, History and Sholarship". Em *Journal of Computer-Mediated Communication*, art. 11, 13 (1), Bloomington, 2008. Disponível em http://jcmc.indiana.edu/vol13/issue1/boyd.ellison.html.

BURKE, Peter. "Problemas causados por Gutenberg: a explosão da informação nos primórdios da Europa moderna". Em *Estudos Avançados*, 16 (44), São Paulo, abril de 2002. Disponível em http://www.scielo.br/scielo.php?script=sci_arttext&pid=S010340142002000100010&lng=en&nrm=iso.

CANETTI, Elias. *Massa e poder*. Trad. Sérgio Tellaroli. São Paulo: Companhia das Letras, 1995.

DELEUZE, Gilles & GUATTARI, Félix. *Mil platôs: capitalismo e esquizofrenia*. Trad. Ana Lúcia de Oliveira, Aurélio Guerra Neto & Célia Pinto Costa. Vol. 1 da Coleção Trans. São Paulo: Editora 34, 1995.

______. *Mil platôs: capitalismo e esquizofrenia*. Trad. Ana Lúcia de Oliveira & Lúcia Cláudia Leão. Vol. 2 da Coleção Trans. São Paulo: Editora 34, 1997.

DIMANTAS, Hernani. *Marketing hacker: a revolução dos mercados*. Rio de Janeiro: Garamond, 2003.

______ & MARTINS, Dalton. Série de artigos sobre sociedade em rede para o *Le Monde Diplomatique Brasil*. Disponível em http://diplo.uol.com.br/_Hernani-Dimantas.

DYSON, Freeman. *O sol, o genoma e a internet: ferramentas das revoluções científicas*. Trad. Otacílio Nunes Júnior. São Paulo: Companhia das Letras, 2001.

ESTRAVIZ, Marcelo. "A linkania e o religare". Disponível em http://tzatziki.wordpress.com/linkania.

______. "A periferia é o centro". Em *Centro de Inclusão Digital e Educação Comunitária*. Disponível em http://www.cidec.futuro.usp.br/artigos/artigo2.html.

FONSECA, Felipe. *Tecnologia social*. São Paulo, 2004. Disponível em http://portal.softwarelivre.org/news/2010.

FOUCAULT, Michel. *Microfísica do poder*. Trad. Roberto Machado. 4ª ed. Rio de Janeiro: Graal, 1984.

FRANCONE, Luther. *La raiz e el rizoma: la alteridad se defiende por si mesma*. Disponível em http://www.lutherblissett.net/archive/455_sp.html.

GALLOWAY, Alexander. *Protocol: How Control Exists after Decentralization*. Cambridge: Mit Press, 2004.

HARDT, Michael & NEGRI, Antonio. *Multidão: guerra e democracia na era do império*. Rio de Janeiro: Record, 2005.

HEIDEGGER, Martin. *O que é filosofia?* Disponível em http://www.heidegger.hpg.ig.com.br/que_e_isto.htm.

HIMANEN, Pekka. *A ética dos hackers e o espírito da era da informação*. Trad. Fernanda Wollf. Rio de Janeiro: Campus, 2001.

LATOUR, Bruno. *Reassembling the Social: an Introduction to Actor-Network-Theory*. Oxford: University of Oxford Press, 2005.

LEMOS, André. "Cibercultura e mobilidade: a era da conexão". Em *Revista Razón y Palabra*, nº 41, Monterrey, 2004. Disponível em http://www.razonypalabra.org.mx/anteriores/n41/alemos.html.

LESSIG, Lawrence. *The Future of Ideas: the Fate of the Commons in a Connected World*. Nova York: Vintage, 2001.

LEVINE, Fredrick *et al*. *The Cluetrain Manifesto*. 10ª ed. Nova York: Basic Books, 2009.

LÉVY, Pierre. *A conexão planetária: o mercado, o ciberespaço, a consciência*. São Paulo: Editora 34, 2001.

LOCKE, Christopher; LEVINE, Rick; SEARLS, Doc; WEINBERGER, David. *The Cluetrain Manifesto: the End of Business as Usual*. Nova York: Perseus Books, 2000.

MANOVICH, Lev. *The Language of New Media*. Cambridge: MIT Press, 2001.

MASON, Matt. *The Pirate's Dilemma: How Hackers, Punk Capitalists, Graffiti Millionaires and Other Youth Movements Are Remixing Our Culture and Changing Our World*. Londres: Penguin Books, 2008.

MERLEAU-PONTY, Maurice. *O visível e o invisível*. Trad. José Arthur Gianotti. São Paulo: Perspectiva, 1984.

______. *Textos selecionados*. Trad. Marilena Chauí, Nelson Alfredo Aguilar & Pedro de S. Moraes. Coleção Os Pensadores. São Paulo: Abril Cultural, 1984.

NEGRI, Antonio. *Pour une définition ontologique de la multitude*. Disponível em http://multitudes.samizdat.net/article.php3?id_article=29.

NIETZSCHE, Frederic. *A genealogia da moral*. São Paulo: Companhia das Letras, 2001.

______. *Humano, demasiado humano: um livro para espíritos livres*. São Paulo: Companhia das Letras, 2000.

NORRIS, Floyd. "Quem vendeu ações se deu melhor do que quem comprou". Em *Folha de S.Paulo*, 10-3-2001. Disponível em http://www1.folha.uol.com.br/folha/dinheiro/ult91u16499.shtml.

RAYMOND, Eric S. *A catedral e o bazar*. Trad. Erik Kohler, 1999. Disponível em http://www.bestlinux.com.br/index.php/dicas/236/1109?format=pdf.

RHEINGOLD, Howard. *Smart Mobs: the Next Social Revolution*. Nova York: Perseus Books, 2002.

______. *The Virtual Community: Homesteading on the Electronic Frontier*. Massachusetts: Addison-Wesley, 1993. Disponível em http://www.rheingold.com/vc/book/intro.html.

SEARLS, Doc & WEINBERGER, David. *World of Ends*. Disponível em http://www.worldofends.com.

SILVEIRA, S. A. *et al*. *Software livre e inclusão digital*. São Paulo: Conrad, 2003.

STIEGLER, Bernard. *La technique et le temps: la faute d'épiméthée*. Paris: Galilée, 1994.

TORVALDS, Linus & DIAMOND, David. *Só por prazer: Linux, os bastidores da sua criação*. Trad. Flávia Beatriz Rössler. Rio de Janeiro: Campus, 2001.

WEINBERGER, David. *Small Pieces Loosely Joined: a Unified Theory of the Web*. Cambridge: Perseus, 2002.

WILSON, Edward. *Consilience. the Unity of Knowledge*. Disponível em http://www.2think.org/hii/wilson.shtml.

WILSON, Peter Lamborn. *Utopias piratas. mouros, hereges e renegados*. São Paulo: Conrad, 2001.

Sites consultados

AKMA – http://akma.disseminary.org

Albert Barabási – http://www.nd.edu/~alb

Alfarrábio – http://alfarrabio.org

Allied – http://allied.blogspot.com

Almocrevedaspetas – http://almocrevedaspetas.blogspot.com

ASAP – http://www.marketinghacker.com.br/asap

Barry Wellman – http://www.chass.utoronto.ca/~wellman/main.htm

Brazil is a Hacker Culture – http://web.archive.org/web/20031208140112/wiki.projetometafora.org/index.php?MidiaTaticaBrasil/Holanda/ParticipacaoFelipe/EnglishVersion

Cabeza Marginal – http://www.cabezamarginal.org/blog

Chris Pirillo – http://chris.pirillo.com

Cinemando – Cinema, Humor e Acessórios (http://www.cinemando.com.br

Clay Shirky – http://www.shirky.com

Cocada Boa – http://www.cocadaboa.com

Comitê Gestor da Internet, *Pesquisa TIC 2008* (http://www.cetic.br/publicacoes/index.htm

Consumering – http://consumering.blogspot.com

Cory Doctorow – http://boingboing.net

Dan Gillmor – http://web.siliconvalley.com/content/sv/2001/05/03/opinion/dgillmor/weblog

Daniel Pádua – http://www.dpadua.org

Doc Searls – http://doc.weblogs.com

Duncan Watts – http://smallworld.columbia.edu

Ecodigital – http://ecodigital.blogspot.com/

Felipe Fonseca – http://fff.hipercortex.com

Francis Heylighen – http://pespmc1.vub.ac.be/HEYL.html

Gregory Bateson – http://www.oikos.org/baten.htm

Howard Rheingold – http://www.rheingold.com/index.html

ImproPRieTies – http://tom.weblogs.com

Institute for Social Network Analysys of the Economy – http://www.isnae.org/index.html

International Network for Social Network Analysis – http://www.sfu.ca/~insna

InternETC – http://cora.blogspot.com

J. D. Lasica – http://jdlasica.com/blog

JOHO, the blog – http://www.hyperorg.com/blogger

Joito Web – http://joi.ito.com

Lawrence Lessig – http://cyberlaw.stanford.edu/lessig/blog

LIDEC – http://weblab.tk

Língua de Fel – http://linguadefel.blogspot.com

Lixo eletrônico – http://lixoeletronico.org

Loose Democracy – http://www.corante.com/loose

Manifesto Cluetrain – http://www.buzzine.info/46/node/53

Manifesto de um hacker – http://www.absoluta.org/seguranca/mentor.html

Manuel Castells – http://cyberlaw.stanford.edu/lessig/blog

Many2Many – http://www.corante.com/many

Mark Granovetter – http://www.stanford.edu/dept/soc/granovet.html

Marketing Hacker – http://www.marketinghacker.com.br

Megnut – http://www.megnut.com/sports/007504.asp

Mercado Hype – http://www.marketinghacker.com.br/mercado-hype

Moore's Lore – http://www.corante.com/mooreslore

No Mínimo – http://nominimo.ibest.com.br/notitia2/newstorm.notitia.presentation.NavigationServlet?publicationCode=1&pageCode=3&date=currentDate

Noosfera – http://www.a_noosfera.blogger.com.br

NovaE – desde 1999, um devir – http://www.novae.inf.br/site/modules.php?name=Conteudo&pid=605

Oki – http://blog.moinho.net

Ponto Mídia – http://www.ciberjornalismo.com/pontomedia.htm

Por um punhado de pixels – http://nemonox.com/ppp

RageBoy – http://www.rageboy.com/blogger.html

Reading Gonzo-Engaged – http://gonzoengaged.blogspot.com

Rebecca's Pocket – http://www.rebeccablood.net

Samizdat – http://kujawski.blogspot.com

Scripting – http://www.scripting.com

Smart Mobs – http://www.smartmobs.com/index.html

Steven Johnson – http://www.stevenberlinjohnson.com

Trabalho Sujo – http://gardenal.org/trabalhosujo

TupiNambá – http://tabadotupi.tk

Upgrade – http://upgrade.weblog.com.pt

Vardump – http://www.vardump.com

Webjornalismo – http://webjornalismo.blogspot.com

Wordofends – http://www.silentpenguin.com/cgi-bin/mt/mt-search.cgi?search=strike